मेरी विदेश यात्राएँ : ग्यारह

यूरोप का सांस्कृतिक केंद्र

फ्रांस

मेरी विदेश यात्राएँ : ग्यारह

यूरोप का सांस्कृतिक केंद्र

फ्रांस

रमेश पोखरियाल 'निशंक'

प्रभात प्रकाशन

प्रकाशक • **प्रभात प्रकाशन प्रा. लि.**
4/19 आसफ अली रोड,
नई दिल्ली–110002

संस्करण • प्रथम, 2023
मूल्य • तीन सौ पचास रुपए
मुद्रक • आर–टेक ऑफसेट प्रिंटर्स, दिल्ली

Europe Ka Sanskritik Kendra FRANCE
by Shri Ramesh Pokhriyal 'Nishank' ₹ 350.00
Published by Prabhat Prakashan Pvt. Ltd., 4/19 Asaf Ali Road, New Delhi-2
e-mail: prabhatbooks@gmail.com ISBN 978-93-94534-79-7

भूमिका

दिल की बात

देवभूमि उत्तराखंड राज्य के मुख्यमंत्री के रूप में वर्ष 2010 में फ्रांस, नॉर्वे समेत पश्चिमी यूरोप के अन्य देशों में जाने का कार्यक्रम अंतिम समय पर टल गया। गोपियो समेत कई अन्य विश्वविद्यालयों से फ्रांस आने का निमंत्रण था। कई साल से फ्रांस जाने की इच्छा थी। इसका मुख्य कारण यह था कि मैं शुरू से ही फ्रांस देश के लोगों के कला, लोक-संस्कृति, परंपराओं और मानवीय मूल्यों के प्रति समर्पण का कायल रहा हूँ। विज्ञान, प्रौद्योगिकी, कृषि, अंतरिक्ष विज्ञान, जैव तकनीक, अभियांत्रिकी में विश्व को नेतृत्व प्रदान करनेवाला यह देश कला, संस्कृति, संगीत का विश्वविख्यात केंद्र रहा है।

यहाँ की राज्य-क्रांति संपूर्ण यूरोप ही नहीं, पूरे विश्व की क्रांतियों की जनक रही है। यह देश संविधान की प्रयोगशाला रहा है। दुनिया की पाँच महाशक्तियों में एक यह राष्ट्र मानवीय मूल्यों का प्रवर्तक होने के साथ-साथ प्राचीन परंपराओं और आधुनिकतम तकनीकों का संगम भी है। यह कोई आश्चर्य की बात नहीं है कि जब भी सांस्कृतिक पर्यटन की बात आती है तो फ्रांस अविश्वसनीय रूप से दुनिया के समृद्धतम गंतव्यों में शीर्ष पर खड़ा नजर आता है। यहाँ के चर्च, महल, शैटॉ और किलों से लेकर संग्रहालय एवं दीर्घाएँ सचमुच रोमांचित करती हैं। दुनिया की श्रेष्ठतम धरोहरों में एक यहाँ की ये विरासतें आज भी खोजे जाने की प्रतीक्षा कर रहे एक खजाने की तरह हैं।

फ्रांस की चॉकलेट्स, वाइन एक आदर्श उपहार हैं, शायद ही कोई ऐसा देश होगा, जहाँ फ्रांस के खाद्य पदार्थ न जाते हों। कहीं-न-कहीं यह यहाँ के उत्पादों की गुणवत्ता को प्रदर्शित करता है। जब लोग कहते हैं कि फ्रांस के खाद्य उत्पाद, वाइन बेजोड़ है, तो हमें सहमत होना होगा। फ्रांस का चॉकलेट उद्योग, वाइन उद्योग आज दुनिया में मशहूर है। इसका अद्भुत स्वाद, समृद्ध इतिहास और आकर्षक कहानी हम सबको अपनी ओर खींचते हैं। मेरा व्यक्तिगत मानना है कि फ्रांस के अनिर्वचनीय रूप से आकर्षक मनोरम पर्यटक स्थलों को देखे बिना फ्रांस या यों कहिए, समूचे यूरोप का भ्रमण अधूरा है। फ्रांस में घूमने के लिए ये खूबसूरत जगहें कई कवियों और कलाकारों के भी आकर्षण की केंद्र रही हैं। दुनिया भर के संस्कृति प्रेमियों और पर्यटकों के लिए ये आज भी विस्मयकारी केंद्र बने हुए हैं।

आप फ्रांस क्यों जाएँ, इसके सैकड़ों कारण हो सकते हैं। फ्रांस एक खूबसूरत देश है, जो सुरम्य स्थलाकृति, रंगीन संस्कृति, मुक्त उत्साही लोगों और मनोरंजक व्यंजनों के साथ-साथ शानदार शहरों के रूप में सबको आकर्षित करता है। फ्रांस के पास यह सब है। यहाँ महासागर तट हैं तो खूबसूरत पहाड़ी इलाके भी हैं। नैसर्गिक सुंदरता से आपूरित गाँवों की छटा तो देखते ही बनती है। मनमोहक सौंदर्य बिखेरती यहाँ की पर्वतमालाएँ, हरे-भरे लहलहाते खेत, नदियों के सुंदर तट, अंगूरों के खूबसूरत बाग, मीलों लंबे फैले फार्म सचमुच अद्वितीय हैं।

नीस की भूमध्यसागरीय समुद्र तटीय हवा से लेकर स्ट्रासबर्ग के सायरक्राट और क्रिसमस बाजारों तक, फ्रांस के ये खूबसूरत शहर संस्कृति, इतिहास और सुरम्य सुंदरता की एक विविध शृंखला पेश करते हैं। यदि आप फ्रांस जाने की योजना बना रहे हैं तो फ्रांसीसी शहरों की सूची जरूर बनाएँ, ताकि आप वहाँ की संस्कृति, कला, स्थापत्य का नयनाभिराम दर्शन कर सकें।

मेरा सुझाव है, शहरों से शुरू करें, फिर उन छोटे कस्बों और गाँवों पर शोध करें। पॉप ऑफ गैस्ट्रोनॉमी के साथ फ्रांस में शानदार व्यंजन हैं। फ्रांस में पनीर और वाइन की इतनी किस्में दिखीं, जो सोच से बाहर थीं।

कला जीवन को प्यार करती है, पेंटिंग, मूर्तिकला, संगीत और नृत्य सामान्य जीवन में आनंद लाने के सशक्त माध्यम हैं। कला हमें सांसारिक कार्यों से उदात्त उपलब्धियों की ओर ले जाती है। उत्साह और उमंग भरकर यह जीवन को नए मायने देती है। मुझे लगता है, कई कारण हैं कि पेरिस को दुनिया की सांस्कृतिक राजधानी के रूप में मान्यता दी गई है। संग्रहालयों, कलाकृतियों से लेकर पुस्तक की दुकानें, सिनेमाघर, थिएटर फ्रांस की राजधानी में सभी प्रकार के संस्कृति प्रेमियों के लिए कुछ–न–कुछ है। दुनिया की फैशन की राजधानी के रूप में प्रसिद्ध पेरिस लंबे समय से शैली, सुंदरता और प्रयोगों के लिए एक उपनाम रहा है।

दुनिया भर के लोग कला और संगीत को ईश्वर की भाषा के रूप में देखते हैं। इसका मानव जाति के समग्र विकास पर बड़ा प्रभाव पड़ता है। भारत में संगीत का बड़ा महत्त्व है। संगीत नई उमंग, नया जीवन संचारित करता है और संगीत ही मनुष्य के विज्ञान का सर्वोच्च रहस्य है। यह हर किसी को अपने मोहपाश में बाँध लेता है। आज जो भी स्थिति हो, फ्रांस ने मानवता की साझी सांस्कृतिक विरासत में व्यापक योगदान दिया है। रंगमंच और साहित्य, कविता और दर्शन, चित्रकला और मूर्तिकला, वास्तुकला और संगीत में, इतिहास के कुछ महान् नाम, जैसे मोलिएर या जोला, ह्यूगो और वोल्टेयर, मोनेट, रोडिन या चोपिन यहीं के फ्रेंच रहे हैं। उनकी यह अनमोल विरासत आज भी बनी हुई है। यह सब यूरोपीय संस्कृति का एक अभिन्न अंग है।

मुझे लगता है, हम सभी को कभी–न–कभी फ्रांस जाना चाहिए, यह सीखने के लिए कि अपनी जड़ों से जुड़कर, अपने मूल्यों को सर्वोच्च मानकर कैसे प्रगति–पथ पर अग्रसर हो सकते हैं। कैसे मानवीय मूल्यों को बनाए रखते हुए विश्व की महाशक्ति बना जा सकता है। मुझे पूरा विश्वास है कि फ्रांस के बारे में यह पुस्तक आपको अवश्य पसंद आएगी।

—रमेश पोखरियाल 'निशंक'

अनुक्रम

1

फ्रांस की यात्रा

आस्ट्रिया की राजधानी वियना से 27 जून, 2018 की सुबह हम फ्रांस की राजधानी पेरिस रवाना हुए। यूक्रेन और आस्ट्रिया की संक्षिप्त और अत्यंत सफल यात्रा के बाद यूरोप यात्रा के तीसरे चरण में हमने वियना हवाई अड्डे पर भारतीय दूतावास के वरिष्ठ अधिकारियों से विदा ली और फिर पेरिस के लिए रवाना हुए। पेरिस में इंडियन फेडरेशन के अतिरिक्त ग्लोबल ऑर्गनाइजेशन ऑफ इंडियन ओरिजिन (गोपियो) के कार्यक्रम में शामिल होने का कार्यक्रम था। हवाई अड्डे पर मुझे लगा, आस्ट्रिया लंबे समय के लिए आना चाहिए था। आल्प्स के बीच बसा आस्ट्रिया बहुत ही आकर्षक देश है। यहाँ का सपने जैसा परिदृश्य, खूबसूरत घास के मैदान, हैरान कर देनेवाली वास्तुकला और रोम-रोम पुलकित करता संगीत इसके आकर्षण को और बढ़ा देते हैं। काश! कुछ और समय होता, यही कसक लिये हम पेरिस के लिए रवाना हो गए।

यहाँ हवाई अड्डे पर प्रोटोकॉल चीफ सत्यपालजी गोपियो पदाधिकारियों के साथ हमारे स्वागत के लिए खड़े थे, जैसे ही हमारी फ्लाइट पेरिस हवाई अड्डे पर पहुँची तो एक फर्क तुंत नजर आया। पेरिस हवाई अड्डा ज्यादा बड़ा और ज्यादा अंतरराष्ट्रीय लोगों से भरा लग रहा था। वहीं भारतीय या यों कह लीजिए, एशियाई मूल के लोग अपेक्षाकृत ज्यादा संख्या में थे। हवाई अड्डे पर भारतीय दूतावास के अधिकारियों के अतिरिक्त गोपियो के प्रतिनिधि

शामिल थे। हमें बताया गया कि पेरिस चार्ल्स डी. गॉल हवाई अड्डा, जिसे रोइसी हवाई अड्डे के रूप में भी जाना जाता है, फ्रांस का सबसे बड़ा अंतरराष्ट्रीय हवाई अड्डा है। साथ ही यह यूरोप के सबसे व्यस्त हवाई अड्डों में एक है। 1974 में खोला गया यह पेरिस से 23 किमी. उत्तर-पूर्व में रोइसी-एन-फ्रांस में स्थित है। इसका नाम राजनेता चार्ल्स डी. गॉल (1890-1970) के नाम पर रखा गया है।

वियना हवाई अड्डे में भारतीय दूतावास के वरिष्ठ अधिकारियों के साथ

श्री सत्यपाल ने बताया कि चार्ल्स डी. गॉल हवाई अड्डा वैल-डीओइस, सीन-सेंट-डेनिस और सीन-एट-मार्ने में कई कम्यूंस (नगर सभाओं) के हिस्सों में स्थित है। यह एयर फ्रांस के लिए प्रमुख केंद्र और अन्य विरासत वाहक (स्टार एलायंस, वनवर्ल्ड और स्काई टीम) के लिए एक गंतव्य के रूप में सेवारत है, साथ ही कम लागत वाले वाहक के लिए एक फोकस शहर के रूप में कार्य करता है। हवाई अड्डे का संचालन ग्रुप ए.डी.पी. द्वारा ब्रंड पेरिस एयरपोर्ट के तहत किया जाता है।

वियना हवाई अड्डे में फुर्सत के बीच डॉ. निशंक

हाल में मैंने पढ़ा कि कोविड-19 के पूर्व 2019 में हवाई अड्डे ने 76,150,007 यात्रियों और 4,98,175 विमानों की आवाजाही का सकुशल निर्वहन किया। इस प्रकार यह यात्रियों की संख्या के मामले में दुनिया का नौवाँ और यूरोप का दूसरा सबसे व्यस्त हवाई अड्डा (हीथ्रो के बाद) बन गया। इस हवाई अड्डे से अधिकांश देशों के लिए सीधी उड़ानें हैं और दुनिया में सबसे अधिक एयरलाइनों की यह मेजबानी करता है। नया होने के बावजूद यह उपलब्धि उल्लेखनीय है। 1974 में विमानन में निरंतर वृद्धि को सँभालने के लिए एक नए हवाई अड्डे के रूप में इसे खोला गया था और तब से इसका निरंतर विस्तार होता आया है।

नए हवाई अड्डे के स्थान की खोज 1957 में शुरू हुई। शहर के कम विकसित उत्तर-पूर्व की ओर, रोइसी शहर के पास एक क्षेत्र का चयन किया गया था। यह ज्यादातर कृषिभूमि थी और हवाई अड्डे के निर्माण के लिए बहुत कम इमारतों को हटाने की जरूरत थी। हमें हमारे मित्रों ने यह भी बताया कि हवाई अड्डे का निर्माण (मूल रूप से पेरिस-नॉर्ड एयरपोर्ट के रूप में) 1964 में शुरू हुआ। इसका नाम पास के शहर रोइसी पर रखा

गया। 1970 में पूर्व राष्ट्रपति की मृत्यु के बाद से यह 'चार्ल्स डी. गॉल' के नाम से जाना गया। इसके लिए बड़े पैमाने पर निर्माण की योजना बनाई गई थी। फ्रांस उस समय बड़े पैमाने पर विकास परियोजनाओं के लिए तैयार हो रहा था। ला डिफेंस बिजनेस डिस्ट्रिक्ट प्रोजेक्ट उसी समय के आसपास शुरू किया गया था।

दुनिया का नौवाँ सबसे व्यस्त चार्ल्स डी हवाई अड्डा

हम जैसे ही हवाई अड्डे से बाहर आए, पेरिस की सबसे प्रतिष्ठित विरासतों में से एक वहाँ की सुंदर वास्तुकला ने ठिठकने को मजबूर कर दिया।

वैसे भी जब आप पेरिस के बारे में सोचते हैं, तो दिमाग में हरे-भरे शहर के मध्य एफिल टावर, आश्चर्यजनक आर्क डी. ट्रायम्फ, कलात्मक रूप से बने भवनों, स्मारकों, पार्कों के दृश्य स्वत: उभर आते हैं, जैसे ताजमहल भारत की पहचान है, उसी तरह 'एफिल टावर' फ्रांस की पहचान है। इसके अलावा शहर की तमाम इमारतों में अलंकृत चूना पत्थर की आभा गुलाबी शहर जयपुर की याद दिलाती है। अंतर बस रंग का है। फ्रांस की एक और विशेषता है कि यहाँ आपको स्मारक, पार्क और सुंदर वास्तुकला हर जगह मिलेगी।

फ्रांस की ड्यूटी फ्री शॉप्स में प्रसिद्ध फ्रेंच परफ्यूम

पेरिस की सबसे प्रतिष्ठित सुंदर वास्तुकला

पेरिस इतिहास की दृष्टि से अत्यंत सुदर एवं समृद्ध शहर है। इसकी बहुत सी कहानियाँ शहर की उत्कृष्ट वास्तुकला के माध्यम से बताई जाती हैं। आपको हैरानी होगी कि पेरिस कभी 'लुटेटिया' नामक रोमन शहर था, आज भी यहाँ आप कई रोमन खँडहरों की यात्रा कर सकते हैं, जिन्हें एरेनेस डी. लुटेस कहा जाता है। इनमें यहाँ का ऐतिहासिक कालखंड छिपा हुआ है। प्राचीन विरासतों से लेकर आधुनिक कला-संस्कृति आपकी यात्रा को और भी मनोरंजक बनाती हैं। विश्व प्रसिद्ध सीन नदी अपने खूबसूरत तटों पर अद्भुत स्थापत्य के साथ अत्यंत सुंदर, मनोहर दृश्यावलि प्रस्तुत करती है।

मुझे यह देखकर अत्यंत प्रसन्नता हुई कि फ्रांस की सीन नदी शीशे की तरह साफ है। निर्मल-अविरल यह नदी पेरिस को राइट बैंक दाहिने व बाएँ तट में विभाजित करती है। लंदन की टेम्स नदी की तरह पेरिसवासी भी अपनी इस नदी के प्रति बहुत संजीदा हैं।

यह नदी पर्यटकों के लिए एक बड़ा आकर्षण भी है। इसके किनारे तमाम भवन और पुलों की श्रृंखला शहरी स्थापत्य का अद्भुत नमूना प्रस्तुत करते हैं। लगभग घंटे भर के भीतर हम होटल पहुँच गए। मेरा मन अकसर पारंपरिक

बुटीक होटल में अधिक लगता है, क्योंकि मुझे लगता है कि इस बहाने हम स्थान विशेष की संस्कृति, परंपरा के विषय में अधिक जान सकते हैं। खाने का समय भी हो चला था। इसलिए थोड़ी बातचीत के बाद हम खाने के लिए चल दिए। भोज का आयोजन 'गोपियो' की फ्रांस इकाई के सौजन्य से हुआ था।

पेरिस की प्रतिष्ठित सुंदर वास्तुकला की एक झलक

गोपियो के कई पदाधिकारी तीन-चार दशकों से फ्रांस में रह रहे हैं। उनके यहाँ अपने रेस्त्राँ भी हैं। उन्होंने बताया कि फ्रांस में पाककला का विशेष सम्मान है। सांस्कृतिक रूप से फ्रेंच पक्वान्न बनाना, परोसना एवं खाना, सब एकदम से अलग है। मुझे बताया गया कि फ्रेंच अपने खाने का हर पल, एक उत्सव की भाँति पूरे जोश और उत्साह के साथ व्यतीत करते हैं। उनके अनुसार फ्रांसीसी भोजन और खाना पकाने को आमतौर पर पश्चिमी दुनिया में कई व्यंजनों की रीढ़ और आधार माना जाता है।

फ्रांसीसी आमतौर पर अपने क्षेत्र के लिए स्थानीय व्यंजन पकाते और तैयार करते हैं तथा कोशिश करते हैं कि इन्हें ही मेहमानों को परोसा जाए। इसका कोई मतलब नहीं है कि वे रूढ़ीवादी हैं। फ्रांस में ग्रामीण फ्रेंच खाना पकाने और स्थानीय वाइन का बोलबाला है। महानगरीय फ्रांस में आप क्षेत्रीय और राष्ट्रीय व्यंजनों की एक विस्तृत शृंखला का आनंद ले सकते हैं। विशिष्ट

फ्रांसीसी खाद्य पदार्थ स्थानीय उत्पादों पर बहुत अधिक निर्भर करते हैं। ताजा सेब, जामुन, हरिकॉट कर्ट, लीक, मशरूम, विभिन्न स्क्वैश सबसे अधिक इस्तेमाल किए जानेवाले उत्पादों में से हैं। मैंने विश्व के कई देशों का भ्रमण किया है, परंतु फलों को, विशेषकर मेवों का जो उपयोग फ्रांसीसी भोजन में दिखा, वह अन्यत्र कहीं नहीं देखने में आया।

पर्यटकों के लिए सजा फ्रांस का एक स्थानीय व्यंजन

खाना खाकर हम अपने कार्यक्रम स्थल की तरफ जाने के लिए तैयार हुए। हमारे पास दो घंटे का समय था। हमने यह निर्णय किया कि यूनेस्को मुख्यालय जाया जाए। पूर्व में मैंने यूनेस्को को हरिद्वार कुंभ को यूनेस्को विरासत में शामिल करने का प्रत्यावेदन दिया था। भारत में चल रही यूनेस्को की काफी गतिविधियों में हम प्रत्यक्ष या परोक्ष रूप से शामिल रहे हैं।

फ्रांस 1945 में अपनी स्थापना के बाद से संयुक्त राष्ट्र (यू.एन.) का सदस्य रहा है और चीन, रूस, यूनाइटेड किंगडम तथा संयुक्त राज्य अमेरिका के साथ संयुक्त राष्ट्र में यू.एन.एस.सी. स्थायी सीट रखनेवाले पाँच देशों में से एक है। संयुक्त राष्ट्र सुरक्षा परिषद् शांति और सुरक्षा बनाए रखने के लिए जिम्मेदार है। फ्रांस ने अपने नेतृत्व तथा विभिन्न प्रस्तावों और अन्य प्रमुख संयुक्त राष्ट्र निकायों के प्रयोजन के माध्यम से संगठन में योगदान दिया है, साथ ही फ्रांस आम बजट और शांति अभियान बजट, दोनों में सबसे बड़ा योगदान देनेवाले राष्ट्रों में से एक है।

फ्रांस की क्षेत्रीय विशेषता दरशाता एक और पक्वान्न

कई फ्रांसीसी राष्ट्रपतियों ने खुले तौर पर संयुक्त राष्ट्र और उसके उद्देश्यों के लिए अपने समर्थन की बात की है। फ्रांस की अपनी नीतियों और उन मूल्यों के बीच स्पष्ट संबंध हैं, जो संयुक्त राष्ट्र द्वारा विशेष रूप से मानवाधिकारों से संबंधित हैं। पिछले दशक में, फ्रांस ने यू.एन.एस.सी. और उनके शांति अभियानों पर विभिन्न सुधारों का आह्वान, प्रस्ताव और समर्थन किया है। संयुक्त राष्ट्र अपनी स्थापना के बाद से, बहुपक्षीय अंतरराष्ट्रीय प्रणाली के साथ फ्रांस के जुड़ाव के मूल का प्रतिनिधित्व करता है।

पर्यटकों की खास पसंद विश्व प्रसिद्ध फ्रेंच फ्राइज

फ्रांस में यूनेस्को (संयुक्त राष्ट्र, शैक्षिक, वैज्ञानिक और सांस्कृतिक संगठन) का मुख्यालय पेरिस, फ्रांस में प्लेस डी. फोंटेनॉय पर स्थित है। यूनेस्को का कार्यालय वाई-आकार की मुख्य इमारत में हैं, जिसका उद्घाटन नवंबर 1958 में हुआ था।

यूनेस्को मुख्यालय पेरिस की दर्शनीय इमारत

पेरिस को 'रोशनी का शहर' कहा जाता है, लेकिन आपको यह जानकर हैरानी होगी कि यह हरे रंग का शहर है। राजा हेनरी चतुर्थ ने अपने शासनकाल के दौरान शहर भर में 5,00,000 से अधिक पेड़ लगवाए थे। शहर में हरे रंग को अधिक प्रचलित किया गया। हरे रंग का स्पर्श सुंदर पेरिस की वास्तुकला का सही पूरक है। पंक्तिबद्ध पेड़ बुलेवार्ड और रास्ते पेरिस के परिदृश्य का एक अभिन्न अंग बन गए हैं। आज तक अभी भी मुख्य रास्ते ऊँचे, हरे-भरे पेड़ों से अँटे पड़े हैं और छोटी गलियों में भी हरियाली खूब दिखाई देती है। आप पेरिस के हरे हिस्से को कहीं से भी देख सकते हैं। मेरी राय में मोंटमार्टे के खूबसूरत पड़ोस में टहलना हरे-भरे पेरिस को देखने का आनंद ही अलग है।

इसके पश्चात् हम 'गोपियो' के कार्यक्रम में शामिल होने गए। भारतीय मूल के लोगों की अधिकारियों को समर्पित गोपियो संस्था पूरी दुनिया में फैली हुई है।

भारतीय मूल के लोगों का वैश्विक संगठन, भारतीय मूल के लोगों के अंतरराष्ट्रीय नेटवर्क की स्थापना कर लोगों को आपस में एक-दूसरे के साथ सहयोग करने हेतु मंच प्रदान करता है। गोपियो की स्थापना 1989 में न्यूयॉर्क में भारतीय मूल के लोगों के पहले वैश्विक सम्मेलन में हुई थी। गोपियो का प्रारंभिक उद्देश्य भारतीय मूल के लोगों के मानवाधिकारों के उल्लंघन के खिलाफ आवाज उठाना था।

सीन नदी पेरिस स्थित 37 पुलों की आकर्षक श्रृंखला

हिमालय व गंगा के प्रति मेरे लगाव व पर्यावरण संरक्षण के प्रति मेरी प्रतिबद्धता को देखते हुए ग्लोबल ऑर्गेनाइजेशन ऑफ पीपुल ऑफ इंडियन ऑरिजिन द्वारा मुझे सम्मानित भी किया गया। यह मेरे लिए बड़े भावुक क्षण थे। गोपियो का आभार जताते हुए मैंने अपने अभिभाषण में कहा कि यह सम्मान 'स्पर्श गंगा अभियान' से जुड़े मेरे हजारों साथियों का सम्मान है, जो निस्स्वार्थ सेवाभाव, लगन और संकल्प से माँ गंगा की निर्मलता, स्वच्छता और अवरिलता के प्रति लोगों को जागरूक करने का कार्य कर रहे हैं।

यह सम्मान हिमालय, गंगा और मौसम परिवर्तन के लिए जो लोग चिंतित हैं, उनका सम्मान है। फ्रांस की राजधानी पेरिस में आयोजित इस कार्यक्रम में उपस्थित सभी गण्यमान्य व्यक्तियों के प्रति कृतज्ञता व्यक्त करते हुए मैंने वहाँ उपस्थित सीनेटर श्री रेमी फेरॉड, पेरिस 10जी डिस्ट्रिक डिप्टी मेयर श्री पॉल सिमोंडन व GOPIO के अध्यक्ष श्री राजमणीजी का विशेष धन्यवाद किया।

उनके भाषण में मेरे प्रति प्यार, स्नेह तथा मेरे सामाजिक कार्यों हेतु अपना समर्थन व्यक्त करना एक भावपूर्ण क्षण था।

इस अवसर पर मेरी पुस्तक 'भारतीय संस्कृति, सभ्यता और परंपरा' के अंग्रेजी अनुवाद का भी लोकार्पण किया गया।

ऊँचे, हरे-भरे पेड़ों से अँटे पड़े मनमोहक मुख्य रास्ते

मैंने कहा कि इस तरह के प्रोत्साहनों से मन एक नई ऊर्जा से परिपूर्ण हो जाता है। इस सम्मान से मुझे एक नई ऊर्जा प्राप्त हुई है तथा निश्चित ही मैं इसका प्रयोग स्पर्श गंगा अभियान व हिमालय के पर्यावरण को और अधिक बेहतर बनाने के लिए करूँगा। मैंने अपने वक्तव्य में बताया कि किस प्रकार हमारे लिए भारतीय मूल के लोग अत्यंत महत्त्वपूर्ण हैं। हम दुनिया में जहाँ पर भी रहते हैं, हमारा हृदय भारत के लिए सदैव धड़कता है, हालाँकि भारतीय उपमहाद्वीप के विभिन्न हिस्सों और भारत की अंतरराष्ट्रीय सीमाओं से बाहर जन्म लेनेवाले लोग, जनसंख्या समूह दक्षिण-पूर्व एशिया, पूर्वी एशिया, मध्य एशिया, उत्तरी अफ्रीका, अमेरिका, यहाँ तक कि यूरोप के भूमध्यसागरीय तट तक पहुँच चुके हैं, पर फिर भी एक सूत्र में बाँध रखे हैं, भारतीय प्रवासी आमतौर पर आज भी जगह-जगह जा रहे हैं। सामाजिक-राजनीतिक या ऐतिहासिक रूप से ये सब लोग अपने को भारत का अभिन्न हिस्सा मानते हैं।

पर्यावरण संरक्षण के लिए गोपियो द्वारा सम्मान

भारतीय अप्रवासी पूरे भारत से आए हैं, ज्यादातर बिहार, पंजाब, गुजरात, आंध्र प्रदेश, महाराष्ट्र और तेलंगाना से। अमेरिका, कनाडा, यूरोप में भारत के प्रवासियों के पास उच्च स्तर का रोजगार है, पर कहीं-कहीं आज भी श्रम शक्ति का हिस्सा बन उनका संघर्ष जारी है। हमें उन्हें ऊपर लाना है।

भारत दुनिया के सबसे बड़ी प्रवासी जनसंख्या के लिए भी जाना जाता है। यह पता चला था कि भारतीय मूल के 16 मिलियन लोग अपने जन्म के देश से बाहर रह रहे थे, हालाँकि अपुष्ट आँकड़े कुछ और कहते हैं। यह भारत को पूरी दुनिया में सबसे बड़े प्रवासी का स्रोत बनाता है। फिनलैंड से लेकर फिजी तक, दुनिया के हर देश में भारतीय मिल सकते हैं।

हमारी शक्ति गजब की है। 200 से अधिक भारतीय मूल के व्यक्ति संयुक्त राज्य अमेरिका और यूनाइटेड किंगडम सहित 15 देशों में नेतृत्व के पदों पर काबिज हैं। भारतीय डायस्पोरा के बीच काम करनेवाले यू.एस. आधारित संगठन द्वारा जारी किए गए अपनी तरह के सर्वे के अनुसार, इनमें से 60 पद कैबिनेट रैंक के हैं।

केवल संयुक्त राज्य अमेरिका की बात करें तो भारतीय डायस्पोरा में लगभग 4.8 मिलियन व्यक्ति शामिल हैं, जो या तो भारत में पैदा हुए थे या

भारतीय वंश के हैं। विश्व बैंक के अनुमान के अनुसार, 2019 में विदेशों में रहनेवाले भारतीयों ने औपचारिक चैनलों के माध्यम से भारत में +83.1 बिलियन से अधिक प्रेषण भेजे। 2010 से भारत में प्रेषण में 55 प्रतिशत की वृद्धि हुई है और 2019 में देश के सकल घरेलू उत्पाद (जी.डी.पी.) के लगभग 3 प्रतिशत का प्रतिनिधित्व किया है। आज की चुन्नौतीपूर्ण स्थिति में हम सबको मिलकर भारतभूमि के विकास हेतु समर्पित भाव से काम करना होगा। हमें शपथ लेनी चाहिए कि एक मूल्य-आधारित इकाई के रूप हमें जनता के कल्याण की दिशा में काम करना चाहिए। जाति, पंथ, संप्रदाय या धर्म की बाधाओं से परे एक सामान्य, सामाजिक संगठन के रूप में हमें अपने को स्थापित करना चाहिए।

भोजन उपरांत और सब लोगों का धन्यवाद करने के पश्चात् हम विश्व प्रसिद्ध एफिल टावर देखने गए। रात में भी वहाँ इतनी रौनक देखकर बहुत अच्छा लगा। एफिल टावर का क्या मतलब है ? एफिल टावर का नाम उसके निर्माता गुस्ताव एफिल, 19वीं शताब्दी के फ्रांसीसी उद्यमी और इंजीनियर के नाम पर पड़ा, जो बड़े पैमाने पर धातु संरचनाओं (पुलों, ट्रेन, स्टेशनों, पुलों) के निर्माण में विशेषज्ञता रखते थे। मन में बात यह आई कि एफिल टावर में हर साल कितने लोग आते हैं ?

पेरिस आनेवाले हर व्यक्ति के लिए हर साल 6 मिलियन से अधिक लोग एफिल टावर पर चढ़ते हैं। एफिल टावर दिन और रात, सुबह 9:30 से 11:45 बजे तक और गरमियों में सुबह 9:00 बजे से 12:45 बजे तक खुला रहता है। मैंने पूछा, "एफिल टावर में कितनी मंजिलें हैं ?"

बताया गया कि टावर में तीन मंजिलें हैं, जो जनता के लिए खुली हैं। पहली मंजिल, दूसरी मंजिल और शिखर। दूसरी मंजिल में 2 स्तर हैं, जैसा कि शिखर (एक संलग्न निचला स्तर और ऊपर एक खुली हवा का स्तर) है। आगंतुक सीढ़ियों या लिफ्ट द्वारा पहली दो मंजिलों तक पहुँच सकते हैं। दूसरी मंजिल से शिखर तक का आरोहण केवल लिफ्ट द्वारा ही संभव है। एफिल टावर का वजन लगभग 10,100 टन है। अकेले धातु के ढाँचे का

वजन 7,300 टन होता है, जबकि केवल संरचना की रक्षा करनेवाले पेंट का वजन 60 टन है।

'भारतीय-संस्कृति' पर पुस्तक के अंग्रेजी अनुवाद का लोकार्पण

अगले दिन पेरिस के 'इंडिया हाउस' में मेरी पुस्तक 'विश्व धरोहर गंगा' के अंग्रेजी अनुवाद का विमोचन किया गया। कला, संस्कृति की वैश्विक राजधानी पेरिस में मेरी पुस्तक का विमोचन होना मेरे लिए अत्यंत ही गर्व की बात थी। चूँकि कार्यक्रम दोपहर में था, इसलिए हमने शाम को पेरिस दर्शन की योजना बनाई। पेरिस में सबसे उल्लेखनीय स्मारकों में से एक नोट्रे डेम कैथेड्रल है। इस कैथेड्रल के बारे में बड़ा सुना था कि यह कैथोलिक खजाना 800 साल से अधिक पुराना है। यह एक छोटे से द्वीप पर स्थित है, जिसे सीन नदी के बीच में 'इले-डे-ला काइट' कहा जाता है। गिरजाघर का निर्माण 200 वर्षों के दौरान पूरा किया गया था। यह 1163 में राजा लुई सप्तम के शासनकाल के दौरान शुरू हुआ और 1345 में पूरा हुआ था, जैसा कि सबसे उल्लेखनीय ऐतिहासिक स्मारकों के मामले में है, द नोट्रे डेम कैथेड्रल पेरिस में गौरवशाली और दुखद ऐतिहासिक क्षण, दोनों का समावेश है, जो हर जगह लोगों के दिमाग में हमेशा अमिट रहेगा। कैथेड्रल एक समय पूरी तरह से जीर्णता के चरण में था और ध्वस्त होने के करीब था, लेकिन बाद में नेपोलियन द्वारा इसे बचाया गया था, जिसे स्वयं सम्राट् का ताज पहनाया गया था।

कैथेड्रल को उसकी औपचारिक सुंदरता में वापस लाने के बाद और द्वितीय विश्वयुद्ध के बीच में यह अफवाह थी कि जर्मन सैनिक नए स्थापित सना हुआ ग्लास को नष्ट कर सकते हैं, इसलिए इसे हटा दिया गया और युद्ध समाप्त होने के बाद ही इसे फिर से स्थापित किया गया। केवल एक विशेष पुरातत्त्व काँच की खिड़की के कारण ये कदम उठाए गए थे।

इसे 'रोज विंडो' कहा जाता है, जिसे 13वीं शताब्दी में निर्मित दुनिया की सबसे बड़ी काँच की खिड़की माना जाता है। नोट्रे डेम कैथेड्रल पेरिस के इतिहास पर चर्चा करना किसान लड़की, जोन ऑफ आर्क की सबसे प्रसिद्ध कहानी पर चर्चा किए बिना पूरा नहीं होगा, जो फ्रांस के इतिहास की पुस्तकों में अच्छी तरह से प्रलेखित है। वह बहुत बहादुर थी और उसने दावा किया कि उसे भगवान् के दर्शन मिले हैं। इस गरीब लड़की के पास भौतिक संपत्ति न होने के बावजूद आध्यात्मिक और चरित्र संपन्नता थी। अपने दृष्टिकोण और साहस के माध्यम से उसने अंग्रेजी सैनिकों के खिलाफ लड़ाई में फ्रांस की मदद की।

प्रसिद्ध नायिका जोन ऑफ आर्क की बुद्धिमान सैन्य रणनीति का उपयोग करते हुए फ्रांस ने इंग्लैंड के खिलाफ कई लड़ाई जीतीं। वह राजशाही की बहुत बड़ी समर्थक भी थीं, वह परोक्ष रूप से, कारण है कि चार्ल्स सप्तम को ताज पहनाया गया था, हालाँकि जोन ऑफ आर्क को बुंडियन द्वारा कब्जा करने के बाद उस पर विधर्मी का आरोप लगाया गया और दुखद रूप से, उसे दाँव पर जला दिया गया था, लेकिन यह बहादुर लड़की का अंत नहीं था। 7 जुलाई, 1456 को जोन ऑफ आर्क को निर्दोष और शहीद घोषित कर दिया गया।

एक ओर उल्लेखनीय विशिष्ट ऐतिहासिक कलाकृति, जो आज बहुत लोकप्रिय है, वह प्रसिद्ध घंटी है, जिसे स्वचालित रूप से बजने के लिए फिर से डिजाइन किया गया है। घंटाघर पर जानेवाले किसी भी आगंतुक को 140 सीढ़ियाँ चढ़ने के लिए तैयार रहना चाहिए, यदि ऐतिहासिक घंटी देखने की इच्छा हो या पेरिस शहर की एक झलक देखनी हो। नोट्रे डेम कैथेड्रल के

अंदर, कई ऐतिहासिक कलाकृतियों के बीच, 17वीं शताब्दी का उल्लेखनीय अंग है, जिसके सभी हिस्से अभी भी कार्यात्मक हैं। चित्र, योजनाएँ और उत्कीर्णन भी हैं, जो चर्च के कई विकासों के पुराने और छिपे हुए रहस्यों को दिखाते हैं तथा पेरिस शहर कैसे अस्तित्व में आया। नोट्रे-डेम ब्लॉग विश्व-प्रसिद्ध कैथेड्रल के बारे में अधिक जानने के लिए एक शानदार जगह है, जो न केवल कैथोलिक, बल्कि सभी पेरिस आगंतुकों के दिलों को वश में कर लेता है।

पेरिस सभी शीर्ष लक्जरी ब्रांडों और दुनिया के सबसे अच्छे फैशन का घर है। पेरिस में खरीदारी करना सबसे असाधारण अनुभव है, यहाँ एक से एक बेहतरीन दुकानें हैं। साथ ही उनमें आपके सपनों के ब्रांडों और पसंदीदा वस्तुओं की पूरी दुनिया ही है। अगर आप गरमियों के दौरान यहाँ टहल रहे हैं, तो परेशान न हों, क्योंकि हरे-भरे पेड़ों और आसपास की खूबसूरत इमारतों का नजारा आपको ताजगी देता रहेगा। यही नहीं, अगर आपके पास समय है, तो सीन नदी पर किसी भी तरह घूमने का आनंद लेना न भूलें। यहाँ नैसर्गिक सुंदरता और मानव निर्मित परिवेश रोम-राम पुलकित कर देता है, साथ ही यहाँ लोकप्रिय ब्रांड की दुकानों से लेकर छोटे बुटीक भी हैं। कई कैफे और बेकरी हैं, यहाँ आप रुक भी सकते हैं। अगर शरीर व पैरों को आराम देना चाहते हैं, त्वचा का ध्यान रखना चाहते हैं तो यहाँ विश्व प्रसिद्ध स्पा केंद्र से लेकर मेकअप, त्वचा की देखभाल के उत्पाद, कपड़े और बहुत सारी दिलचस्प उत्पादों की दुकानें हैं, घूमते-घूमते कितना समय बीत गया, पता ही नहीं चला।

इसके पश्चात् हम तुरंत इंडिया हाउस की तरफ चल पड़े। यहाँ हिमालय व ग्लोबल वार्मिंग को लेकर गोष्ठी थी। हम पहुँचे तो इस अवसर पर फेडरेशन ऑफ इंडिया इन फ्रांस के प्रधान श्री जोगेंद्र सिंह, गोपियो के राष्ट्रीय अध्यक्ष श्री राजा मुन्नू स्वामी, श्री दीदिए, श्री अरुण गुलाटी व संस्था के गण्यमान्य सदस्य प्रतीक्षा में थे।

कार्यक्रम को संबोधित करते हुए मैंने हिमालय, गंगा और ग्लोबल वॉर्मिंग पर चर्चा की। यशस्वी प्रधानमंत्री नरेंद्र मोदीजी ने विश्व आर्थिक

फोरम में मौसम परिवर्तन को सबसे बड़ी चुनौती के रूप में इंगित किया था। हिमालय सौ करोड़ से अधिक लोगों को प्रत्यक्ष-परोक्ष रूप से जीवन प्रदान करता है, इसीलिए प्राकृतिक संसाधनों की रक्षा आवश्यक है। हिमालय के विषय में विस्तृत चर्चा हुई। मैंने बताया कि किस प्रकार अनादिकाल से हमारे ग्रंथों में, हमारे गीतों में हिमालय को 'भारत का मुकुट' और 'प्रहरी' उपनाम से पुकारा गया है। हिमालय की गोद में साहित्य, भारतीय संस्कृति ने न केवल जन्म लिया है, बल्कि इसे पुष्पित-पल्लवित होने का मौका भी मिला। समाजशात्री और वैज्ञानिक समान रूप से हिमालय को एक अद्भुत प्रयोगशाला के रूप में जानते हैं। उस पर अध्ययन करते हैं। यह हिमालय ही है, जो अपने हजारों हिमनदों का स्रोत होने से करोड़ों लोगों की क्षुधा और प्यास को शांत करता है।

वैज्ञानिक विश्लेषणों से यह पता चलता है कि हिमालय में अपार खनिज, वन एवं अपार जल-संपदा है। यहाँ की मानव संपदा का लोहा पूरा विश्व मानता है। आज भी भारत में शीर्ष पदों पर आसीन हिमालय के लोग माँ भारती की सेवा में तत्पर हैं। हिमालय में अनेक संसाधन हैं, इनमें सबसे महत्त्वपूर्ण जल संसाधन है। हिमालय को 'जल मीनार' के रूप में जाना जाता है। मैंने इस बात पर जोर दिया कि आवश्यकतानुसार नियोजन करना चाहिए। योजनाओं का निर्माण एवं क्रियान्वयन समयबद्ध तरीके से स्थानीय परिस्थिति को ध्यान में रखकर होना चाहिए।

मौसम परिवर्तन के खतरों के दृष्टिगत हम सबको हिमालयी क्षेत्र के लिए वहाँ की आवश्यकतानुसार नियोजन और योजनाओं के निर्माण एवं क्रियान्वयन हेतु प्रतिबद्ध होना चाहिए। भारतीय हिमालय की लंबाई लगभग 2,400 किमी. है और चौड़ाई लगभग 240-320 किमी. है, जिसके कारण हिमालय एक अनमोल वैश्विक पर्वतीय विकास निवेश का हकदार है। समयबद्ध तरीके से रणनीति लागू होनी चाहिए और पूर्ण निगरानी सुनिश्चित हो, पहाड़ के लोगों और एशिया के डाउन स्ट्रीम में रहने वाले लोगों की पहचान और अस्तित्व हिमालयी क्षेत्र पर काफी निर्भर करता है।

हिमालय संपूर्ण विश्व के लिए विरासत है, जो संस्कृति, सामाजिक और पारिस्थितिक प्रणालियों से समृद्ध है, जो पूरी मानव जाति के लिए अनगिनत संसाधन और सेवाएँ प्रदान करती है। हिमालय का क्षेत्र दुनिया की कुछ सबसे विविध संस्कृतियों, भाषाओं, धर्मों और पारंपरिक ज्ञान-प्रणालियों का भी घर है। अफगानिस्तान से बर्मा तक का हिमालय एक अनमोल वैश्विक परिसंपत्ति है, जो वैश्विक और क्षेत्रीय मान्यता, नीतिगत समर्थन और क्षेत्रीय सहयोग तथा वैश्विक वस्तुओं एवं सेवाओं के रखरखाव की दिशा में टिकाऊ पर्वतीय विकास के लिए निवेश का हकदार है।

हम आमतौर पर पारिस्थितिक और आर्थिक मूल्य के बारे में, सामाजिक और सांस्कृतिक परिप्रेक्ष्य के बारे में कम जानते हैं। महसूस किया जा रहा है कि हिमालय में आर्थिक-सामाजिक विकास की अवधारणा को क्रियान्वित करने हेतु एक समर्पित तंत्र की और स्तरीय ढाँचे की बड़ी आवश्यकता को महसूस किया है।

हिमालय से जुड़े सभी हितधारकों को इस पर चिंतन की नीति निर्माण की और एक समर्पित जवाबदेह पारदर्शी तंत्र विकसित कर हिमालय की पारिस्थितिकी बनाए रखने की नितांत आवश्यकता है, साथ ही पर्यावरण और विकास में तालमेल बिठाया जाए, ताकि हिमालय में सतत विकास संभव हो सके। पर्वतीय विशिष्ट नीतियों के लिए अच्छे अनुसंधान और आँकड़ों द्वारा समर्थित विकास के एकीकृत दृष्टिकोण को विकसित करने के लिए एक समन्वित प्रयास की आवश्यकता है। एक ऐसा मंच बने, जो हिमालय से जुड़े हर व्यक्ति को हिमालय से जुड़े मुद्दे पर चिंतन-मनन करने, रणनीतियाँ सृजित कर उन्हें सफलतापूर्वक क्रियान्वित करने में योगदान दे। कुल मिलाकर पर्यावरण अक्षुण्ण रखते हुए विकास की मूल अवधारणा को धरातल पर उतारने का प्रयास करना ही हम सब लोगों का मूल उद्देश्य होना चाहिए। फ्रांस में मुझे भारतीय विद्यार्थियों को संबोधित करने का भी सौभाग्य मिला।

फ्रांस में भारतीय विद्यार्थियों को दिया गया व्याख्यान

प्रिय विद्यार्थियो,

मैं देवतुल्य हिमालय से आकर आज पश्चिम की इस सांस्कृतिक राजधानी में आपका हार्दिक अभिनंदन करता हूँ। इस हिमालय ने न केवल भारत के इतिहास, भारतीय संस्कृति, धर्म-आस्था को प्रभावित किया है, बल्कि संपूर्ण विश्व को जीने की प्रेरणा दी है। आदिमानव, आदिसंस्कृति और आदिचिंतन से लेकर आदिग्रंथों का उद्भव स्थल भी यही हिमालय है। अजर-अमर भारतीय संस्कृति के मूल तत्त्वों का प्रादुर्भाव इसी धरती से हुआ है। भारतीय दर्शन, साहित्य, वास्तुकला, कला और संगीत का श्रेय लेकर इसी हिमालय को जाता है। यही वेदों की भूमि है, यही भारतीय संस्कृति को समृद्ध करने का श्रेय भी हिंदू धर्म, बौद्ध धर्म, जैन धर्म, सिख धर्म और अन्य धर्मों का जन्मस्थान भी है।

हिमालय, जिसे हम भारत का भाल कहते हैं, भारत का मस्तक कहते हैं। मैं उस गंगा-यमुना की धरती से आपका अभिनंदन करने आया हूँ, हिमालय अध्यात्म सांस्कृतिक विविधता के साथ अपनी समृद्ध जैव विविधता और वन्य जीवन के लिए जाना जाता है। हम 365 दिन में 366 उत्सव मनाते हैं। यहाँ के लोग प्रकृति में ईश्वर को देखते हैं। भारतभूमि से इतना दूर आपके सम्मुख भारतीय संस्कृति और भारतीय परंपरा पर व्याख्यान देना मेरे लिए गौरव का विषय है।

मैं उस धरती से आया हूँ, जिसने संपूर्ण विश्व को वेद, उपनिषद्, स्मृतियों के माध्यम से जीवन का उद्देश्य ही नहीं समझाया, बल्कि इसे कैसे प्राप्त किया जाए, इसे भी स्पष्ट किया। भौतिकतावाद की चकाचौंध में संपूर्ण विश्व आज विज्ञान और प्रौद्योगिकी से अर्थ-अर्जन करने में व्यस्त है, इसीलिए वैज्ञानिक आविष्कार किए जा रहे हैं। इससे शांति संभव नहीं है, किसी भी व्यक्ति एवं राष्ट्र की उन्नति के लिए अर्थ आवश्यक है, परंतु उस अर्थ से क्या लाभ, जिसमें अनर्थ सुनिश्चित है। त्यागपूर्ण अर्थार्जन ही विश्व शांति एवं कल्याण में सहायक हो सकता है।

भारतीय दूतावास द्वारा फ्रांस में योग कार्यक्रम में डॉ. निशंक

प्यारे विद्यार्थियो,

हमारे शास्त्रों में असीम ज्ञान भरा हुआ है। हमारे शास्त्र इस बात को स्पष्ट करते हैं कि मनुष्य का वास्तविक गुण क्या है?

नरस्याभरणं रूपं, रूपस्याभरणं गुणः।
गुणस्याभरणं ज्ञानं, ज्ञानस्याभरणं क्षमा॥ 4॥

मनुष्य का आभूषण उसका रूप है, रूप का आभूषण गुण है, गुण का आभूषण ज्ञान है और ज्ञान का आभूषण क्षमा है। कहने का तात्पर्य है कि मनुष्य का रूपवान होना तभी सार्थक होता है, जब उसके पास गुण, ज्ञान और क्षमा का गुण भी हो।

एक और महत्त्वपूर्ण बात यजुर्वेद में कही गई है—

तेन त्यक्तेन भुञ्जीथा मा गृधः कस्यस्विद्धनम्

(यजुर्वेद 40 : 01)

अर्थात् इस पृथिवी के हर पदार्थ का उपभोग करो, परंतु इस दृष्टि से नहीं कि यह मात्र तुम्हारे लिए है, अपितु इस पर सबका अधिकार है। त्यागपूर्वक तुम इस पृथिवी के संसाधनों का उपभोग करो। किसी के धन का लोभ मत करो। जब तक यह भाव मानव में नहीं आएगा, तब तक कृण्वन्तो विश्वार्यम् (विश्व को श्रेष्ठ बनाते चलो। ऋग्वेद 10: 65:11), बसुधैव कुटुंबकम् (वसुधा एक परिवार है। महोपनिषद् 04:71), यत्र विश्वंभवत्येक नीडम् (जहाँ विश्व एक घोंसले में रहता है। वाजसनेयी संहिता 32:08) एवं

सर्वे भवन्तु सुखिनः (सभी सुखी होवें। वृहदारण्यकोपनिषद्) की परिकल्पना करना व्यर्थ होगा। पृथ्वी हमारा भरण-पोषण करती है, अतः यह हमारी माँ और हम इसके पुत्र हुए।

माता भूमिः पुत्रोऽहंपृथिव्या (अथर्ववेद 12:01:12), अर्थात् भूमि मेरी माता है और मैं पृथिवी का पुत्र हूँ। हमें समान संकल्प एवं अंतःकरण का होकर विश्व शांति के लिए आगे आना चाहिए।

प्रत्येक संस्कृति के साथ उसका अनुसरण करनेवालों का भावनात्मक रिश्ता रहता है। भारतीय संस्कृति का महत्त्व है कि यह सकारात्मक जीवन जीने के अतिरिक्त मानव-मुक्ति और उसके कल्याण की दिशा में एक वैज्ञानिक प्रक्रिया है। किसी भी अन्य संस्कृति ने मानव यात्रा और प्रकृति को इतनी गहराई एवं समझ के साथ नहीं देखा, जितना कि इस संस्कृति में देखा गया है।

हम अपने देश की सभ्यता और संस्कृति की बात करें तो विश्व की कई प्राचीन संस्कृतियाँ, जैसे यूनान, मिस्र, रोम की संस्कृति भी विकसित और अत्यंत समृद्ध थीं, लेकिन ये सभी देश अपनी पराधीनता के कारण अपनी-अपनी सभ्यता और संस्कृति को आज खो चुके हैं, जबकि हमारे देश की सभ्यता और संस्कृति बार-बार विदेशी हमलों के बावजूद ज्यों-की-त्यों आकर्षण का केंद्र बनी हुई है। यह अक्षुण्ण है, जीवंत है, व्यापक है और प्रासंगिक भी है।

ऐसा क्यों? ऐसा इसलिए कि हमारी संस्कृति तमाम विभिन्नताओं के बाद भी जितना एकता का आधार लिये हुए है, उतना और कोई संस्कृति नहीं है। हमारी परंपराएँ समानता, सामाजिक न्याय, सशक्तीकरण, एक महान् और एकजुट राष्ट्र प्राप्त करने के लिए प्रगति सुनिश्चित करती है। मेरा मानना है, यह अद्वितीय है, क्योंकि इसमें दुनिया का मार्गदर्शन, प्रबंधन, नेतृत्व करने की गजब क्षमता है। आपको विदित है कि भारत ने अपने ज्ञान के बल पर, नालंदा, तक्षशिला, वल्लभी जैसे श्रेष्ठ विश्वविद्यालयों की स्थापना की और विश्वगुरु का स्थान प्राप्त किया। बीच में जरूर कुछ चुनौतियाँ आईं, लेकिन आज हम दोबारा पूरी प्रतिबद्धता से आगे बढ़ रहे हैं। आज भारत पुनः दुनिया में महान्

राष्ट्र के रूप में उभर रहा है। हम एक निष्पक्ष, न्यायपूर्ण, समृद्ध और शिक्षित समाज बनने की दिशा में आगे बढ़ रहे हैं।

शिक्षा हमारे देश को सबसे विकसित, प्रगतिशील और मानवतावादी समाज बनाने के लिए एक महत्त्वपूर्ण माध्यम के रूप में उभर रही है। यह हमें दुनिया को आदर्श स्थान बनाने के लिए शक्ति प्रदान कर रही है। भारतीय संस्कृति से ओत-प्रोत, परंपरा और मूल्य-आधारित हमारी शिक्षा दुनिया को एकजुट करने के लिए कारगर सिद्ध होगी। यह हमें पुनः विश्वगुरु के रूप में विकसित कर रहा है, ताकि दुनिया को शांतिपूर्ण, सहिष्णु, रहने योग्य और अधिक मानवीय बनने के लिए प्रेरित किया जा सके।

मनुष्य यदि मूल्यपरक जीवन जीना सीख ले तो कई परेशानियाँ स्वतः ही समाप्त हो जाती हैं। इनके लिए किसी भी विशेष उपाय की आवश्यकता नहीं है, थोड़ा सा व्यवहार में बदलाव, थोड़ा सा नम्रता का भाव रखने से कुछ भी संभव हो सकता है। मूल्यों के लिए समर्पित व्यक्ति के सामने बड़े-से-बड़े व्यक्ति को, कठोर-से-कठोर हृदयवाले व्यक्ति को भी अंततः झुकना पड़ता है। इसके कारण हम ध्यान में रखकर अपने जीवन को न केवल खुशहाल बना सकते हैं, बल्कि दूसरों के जीवन में खुशियों के रंग भर सकते हैं और हर जगह सम्मान पा सकते हैं। परमात्मा को भी ऐसे ही लोग पसंद हैं। इसीलिए सभी बड़े-बड़े साधु-संतों के भीतर आपको मूल्यों से युक्त जीवन मिलेगा।

समर्पित भाव से नम्र होकर, जो शांतिपूर्वक जीवन जीते हैं, वही प्रगति के पथ पर आगे बढ़ते हैं। अपने लंबे सार्वजनिक जीवन में हमेशा मैंने इस बात को महसूस किया किया है कि ये मूल्य न केवल आपके व्यक्तित्व में, आपके आभामंडल में अद्भुत आकर्षण लाते हैं, बल्कि व्यक्तित्व का संपूर्ण विकास सुनिश्चित कर जीवन में सफलता की आधारशिला बनते हैं। सबसे बड़ी बात यह है कि मूल्यों के प्रति समर्पण के बदले में जो सम्मान मिलता है, वह अमूल्य है। वैसे भी देखा जाए तो आप पद-प्रतिष्ठा, धन-दौलत अपनी प्रतिभा से, प्रखरता से अवश्य अर्जित कर सकते हैं, परंतु यदि आपको दूसरों के दिल में अपनी जगह बनानी है, तो आप संवेदनशीलता ही नहीं। आप दूसरों

की भावनाओं को महसूस करें, उनके साथ प्रेमपूर्वक व्यवहार करें। महान् व्यक्तियों की यह विशेषता है कि वे धैर्य या सहनशीलता, कृतज्ञता, विनम्रता, शुद्ध हृदय, सार्वभौमिक सहानुभूति और प्रेम आदि गुणों से विभूषित होते हैं। हम सभी को शांति, शक्ति और ऊर्जा प्रदान करती है और हममें नई स्फूर्ति का संचार करती है।

आप सभी भारतीय संस्कृति, भारतीय परंपरा के प्रशंसक हैं, इसीलिए अपने व्यस्त कार्यक्रम छोड़कर अत्यंत अल्प नोटिस पर यहाँ आए हैं।

यह आध्यात्मिक लोकाचार विश्वास प्रणाली के बारे में नहीं है। यह व्यवस्थित प्रथाओं के बारे में है, जो एक निश्चित तरीके से मन और शरीर को तेज करता है। जहाँ भी मैं यात्रा करता हूँ, मैं जिन भी लोगों के समूह से मिलता हूँ, तो मुझे उनके जीवन में रिक्तता का आभास होता है। आज हमें उस रास्ते पर चलना है, जो हमें महर्षि अरविंद ने दिखाया, जो स्वामी विवेकानंद ने सुझाया। वह रास्ता, जिस पर चलने की वकालत महात्मा गांधी ने की। आज हमें हमारी नई पीढ़ी को वापस मोड़ना होगा, जहाँ यह किसी की मुक्ति और भलाई के लिए एक प्रभावी उपकरण हो सकता है।

पूरी दुनिया का इतिहास उठा लीजिए, संस्कृतियों का मूल्यांकन कर लीजिए, किसी अन्य देश ने संस्कृति के वैज्ञानिक रूप के इस तरह दर्शन नहीं किए और न ही व्यक्ति को अपने अंतिम स्वभाव में विकसित करने के लिए तरीके बनाए हैं। पश्चिमी समाज राजनीतिक व्यवस्था में स्वतंत्रता और मुक्ति की बात तो करते हैं, लेकिन मुक्ति का जो अर्थ हम समझ पाए हैं, यही इसका मूल है। इस संस्कृति का महत्त्व यह है कि हर तरह से हमने मनुष्य को अपनी मुक्ति के लिए खुद को पोषित करने के लिए समर्थन का निर्माण किया, क्योंकि इस देश में एकमात्र लक्ष्य मुक्ति था। यही कारण है कि इस संस्कृति का पोषण किया जाना चाहिए। भारतीय संस्कृति के बारे में एक बात कह सकते हैं कि इसका हर अंश एक वैज्ञानिक प्रक्रिया है। संगीत, नृत्य, सबकुछ—आपको मुक्त बनाने की दिशा में उन्मुख है। जो लोग शास्त्रीय संगीत या नृत्य में गहराई से शामिल होते हैं, वे स्वाभाविक रूप से आध्यात्मिक हो जाते हैं। यह अत्यंत

महत्त्वपूर्ण है कि हम इस सांस्कृतिक सूत्र को मजबूत करें, उसे पूर्णतः समझे, ग्रहण करें, क्योंकि इसके बगैर कोई भी आध्यात्मिक प्रक्रिया नहीं होगी।

महर्षि अरविंद एवं श्रीमाँ फ्रांस में अत्यधिक लोकप्रिय

यह हमारा सौभाग्य है कि भारत और फ्रांस, दोनों राष्ट्रों की उच्च और गहन शिक्षा मानव-मूल्य आधारित सभ्यता की नींव पर खड़ी है। हमारी संस्कृति का ध्येय जीवन-मूल्यों का सरंक्षण संवर्धन करना है। फ्रांस ने भी सदैव मानवीय मूल्यों, शिक्षा, उत्तरोत्तर उच्च शिक्षा को प्राथमिकता दी है। यही इस देश की पहचान रही है, यही इसकी धरोहर भी है। एक भाव, जो मैं अपनी ओर से आप सब विद्वज्जन के समक्ष रखना चाहता हूँ, उसमें मेरा दृढ़विश्वास भी है कि किसी की अविरल गरिमामयी परंपरा और संस्कृति को सँजोने में राष्ट्रवाद की धारणा और भावना अत्यंत उपयोगी होती है। हमें यह कभी नहीं भूलना चाहिए कि राष्ट्रवाद किसी भी समृद्ध और सार्वभौम देश के लिए रीढ़ का काम करती है।

एक शिक्षित-श्रेष्ठ के आचरण को देखकर ही समाज का जन-सामान्य भी उसका अनुकरण करने लगता है। आप सब अपने घरों से दूर अपने सर्वांगीण विकास हेतु इस महान् देश में आए हैं। आप सब अपने माता-पिता के सपने साकार करें और बौद्धिक गुणवत्ता को सुदृढ़ करने में सदैव अग्रणी

रहें। मैं आप सभी अध्यापकों, छात्रों और अधिकारियों को यह व्याख्यान आयोजित करने हेतु आप सबका हृदय से साधुवाद देता हूँ, बधाई और शुभकामनाएँ देता हूँ।

कार्यक्रम के तुरंत बाद हम पेरिस घूमने के लिए निकल पड़े। हमने तय किया हम मसालेदार व्यंजनों की पेशकश करनेवाले विशुद्ध भारतीय रेस्तराँ में जाएँगे, वैसे भी पेरिस प्यार का शहर, जैसा कि हम इसे कहते हैं, पर मेरा मानना है कि फ्रांस अच्छे खाने का शहर है। जब फ्रेंच गैस्ट्रोनॉमी की बात आती है तो पेरिस शानदार प्रदर्शन करता है, लेकिन जैसा कि बहुत से लोग कहते हैं, भारतीय भोजन जैसा कुछ नहीं है, खासकर जब आप दिल से देसी हों।

पेरिस में डिजनीलैंड का मनोहारी दृश्य

हम पेरिस में सर्वश्रेष्ठ भारतीय रेस्तराँ की तलाश में विभिन्न स्थानों पर घूमते रहे। कहाँ जाया जाए, इस पर सहमति बनने में समय लगा। हमें बताया गया कि पेरिस में डिजनीलैंड के पास सबसे अच्छे भारतीय रेस्तराँ कृष्णा भवन रेस्तराँ, गांधीजी और न्यू बलाल हैं। आर्क डी ट्रायंफ के पास पेरिस में सबसे अच्छे भारतीय रेस्तराँ मेयर गार्डन पेरिस, दार्जिलिंग, किराने

इंडिया हैं। नॉट्रे डेम के पास पेरिस में सबसे अच्छे भारतीय रेस्तराँ कृष्णा भवन रेस्तराँ, देसी रोड और डेल्हीशियस हैं, फिर यहाँ मार्सेल है, जहाँ हम भोजन करने गए। फ्यूजन मील इसकी विशेषता है। दो भाइयों द्वारा स्थापित यह वह जगह है, जहाँ आपको पाँच प्रकार के नान खाने को मिलते हैं, जिसमें कोटे (पुदीना मेयो, मसाला टिक्का, कच्ची चुकंदर और मैरीनेटेड चिकन के साथ) और नान–जार्डिन शामिल हैं, जो शाकाहारियों और मांसाहारियों लिए बेहतर विकल्प है।

आप यहाँ समोसे, लस्सी, सूप और बहुत कुछ का आनंद ले सकते हैं। आगंतुक देसी व्यंजनों की लालसा में पुनः लौटने का वादा करते हैं। रात काफी हो चली थी। खाना खाकर सीधा होटल चले, अगले दिन सुबह दूतावास के अधिकारी एवं गोपियो के अधिकारी होटल में मिलने आए, 29 जून को हम अपनी यात्रा के अगले पड़ाव वार्सा की तरफ रवाना हुए।

□

2

फ्रांस का परिचय, भूगोल एवं सामाजिक जीवन

फ्रांस उत्तर पश्चिमी यूरोप का अत्यंत समृद्ध देश है, जो ऐतिहासिक और सांस्कृतिक दृष्टि से अपनी विशिष्टता के लिए जाना जाता है।

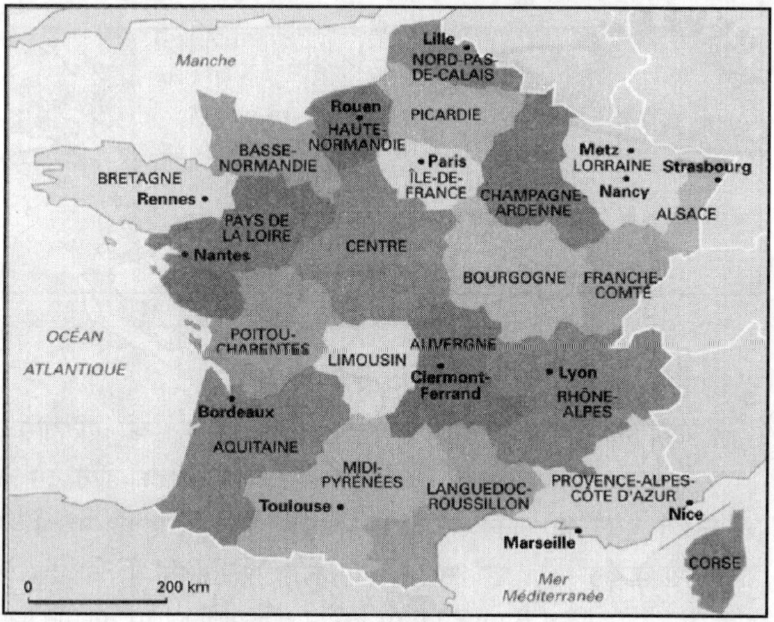

छह देशों से घिरा यूरोप का प्रवेश द्वार फ्रांस

फ्रांस यूरोप के सबसे बड़े देशों में एक है। यह छह देशों से घिरा है—जर्मनी, बेल्जियम और लक्जमबर्ग उत्तर पूर्व में, स्विट्जरलैंड और इटली दक्षिण-पूर्व में और स्पेन दक्षिण-पश्चिम में। ये देश इसकी सीमाएँ साझा करते हैं। इसके अलावा यह यूनाइटेड किंगडम से अंग्रेजी चैनल के माध्यम से जुड़ा है, जो फ्रांस की सीमा में है, फ्रांस यूरोप के सबसे बड़े, समृद्ध, विकसित और शक्तिशाली देशों में से एक है। देश को यूरोप का 'प्रवेश द्वार' माना जाता है। अंतरराष्ट्रीय हवाई अड्डों (इनमें से दो पेरिस में), नौका टर्मिनल और यहाँ की रेल सेवा हैं से आप कहीं भी आसानी से जा सकते हैं।

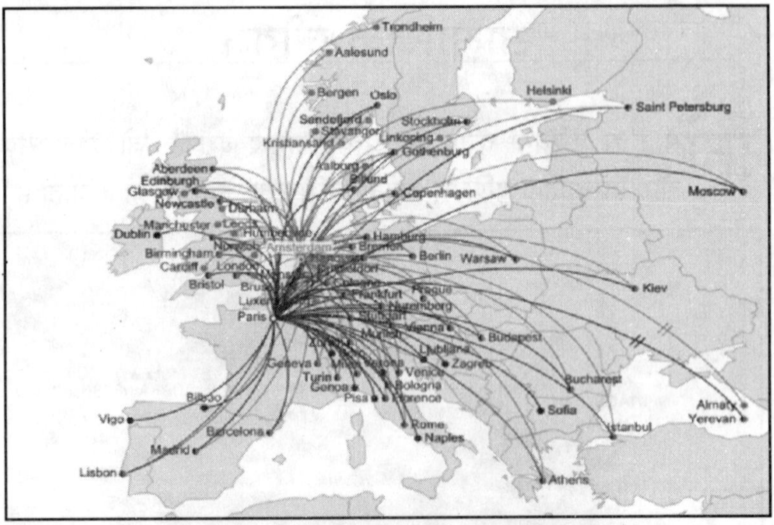

पेरिस से विभिन्न स्थलों के लिए हवाई नेटवर्क

दुनिया का सर्वाधिक लोकप्रिय पर्यटन-स्थल

प्राकृतिक सुंदरता, अद्‌भुत जलवायु, मानव कौशल की ऐतिहासिक विरासतें, कला संग्रहालय और दीर्घाओं जैसे स्थल मानसिक तृप्ति देने के साथ-साथ घूमने का आनंद लेने के भी स्थान हैं। इसके लिए कई महीनों की छुट्टी भी कम पड़ेगी। यहाँ कई अलग-अलग गतिविधियाँ हैं, जो देश के इतिहास को रेखांकित करती हैं। फ्रांस विज्ञान की आधुनिकतम तकनीकों के साथ-साथ अपनी परंपराओं को भी सहेजकर रखे हुए है।

व्यंजनों को लेकर भी प्रसिद्ध है फ्रांस

फ्रांस अपने व्यंजनों और वाइन के लिए भी जाना जाता है। यह कहना उचित होगा है कि फ्रांसीसी लोगों को खाना बनाना और खाना खिलाना अत्यंत पसंद है। फ्रंास में भोजन पूरा आनंद लेकर लंबी बातचीत से युक्त रहता है। परिवारों के साथ बैठकर यहाँ हर बात पर चर्चा होती है। ठेठ फ्रांसीसी भोजन तीन से चार चरण प्रदान करता है, इसमें मिठाई से पहले पनीर शामिल होता है। सभी भोजन के साथ ताजी बेक्ड ब्रेड और वाइन शामिल रहती है। फ्रांस में लोकप्रिय खाद्य पदार्थों में रेड वाइन सॉस में चिकन शामिल है, जिसे कोक ओवन में पकाया जाता है।

फ्रांसीसी व्यंजन का हिस्सा, परंपरागत फ्रेंच वाइन

मुझे अच्छी बात यह लगी कि यहाँ शाकाहारी लोगों के लिए भी पर्याप्त विकल्प हैं। फ्रांस में लोग विनम्र और बहुत औपचारिक होते हैं। देश में लोग अपने ठाठ के लिए भी जाने जाते हैं, साथ ही अपने तौर-तरीकों, परंपराओं व पहनावे पर भी बहुत गर्व करते हैं। कुछ देश इन विशेषताओं के कारण फ्रांस को एक अभिमानी देश के रूप में देखते हैं।

यहाँ कई बड़े अंतरराष्ट्रीय हवाई अड्डे भी हैं, जिनमें दो तो राजधानी

पेरिस में ही हैं। इनके अलावा फ्रांस में मोटरवे व रेलवे नेटवर्क भी बहुत विकसित है। उच्च गति, लंबी दूरी की टी.जी.वी. ट्रेन सेवा इस देश को विशिष्ट पर्यटन गंतव्य बनाती है।

भौगोलिक विविधता और सांस्कृतिक बहुतायत

उत्तर से दक्षिण तक 1,000 किमी. और पूर्व से पश्चिम तक फैला यह रूस और यूक्रेन के बाद यूरोप का तीसरा सबसे बड़ा देश है, जो 5,51,500 वर्ग किमी. के क्षेत्र को कवर करता है।

मेट्रोपॉलिटन फ्रांस में चार तट रेखाएँ हैं—उत्तरी सागर, इंग्लिश चैनल, अटलांटिक महासागर और भूमध्य सागर, जिसकी संयुक्त समुद्र तट लंबाई 3,427 किमी. है। इसकी उत्तर-पूर्वी सीमा के अपवाद के साथ देश या तो पानी या पहाड़ों से घिरा है, अर्थात् राइन और जुरा, आल्प्स और पाइरेनीज।

पर्यटन की रीढ़ फ्रांसीसी पर्वतीय गाँव

प्रमुख पर्वत-शृंखलाएँ पूर्व में आल्प्स और दक्षिण-पश्चिम में पाइरेनीज हैं। प्रत्येक अन्य राष्ट्र के साथ एक प्राकृतिक सीमा बनाता है। मासिफ सेंट्रल मध्य क्षेत्र में एक बड़ा पहाड़ी पठार है, जिसमें औवेर्गेन क्षेत्र के प्राचीन ज्वालामुखी शामिल हैं, जबकि अधिकांश देश समशीतोष्ण क्षेत्र में है, भूमध्यसागरीय क्षेत्र को उपोष्णकटिबंधीय जलवायु माना जाता है। चार मुख्य

नदियाँ सीन, लॉयर, गेरोन और रोन हैं। पूरे क्षेत्र में बहनेवाली हवाएँ क्षेत्रीय पहचान से जुड़ी हैं, रोन घाटी में सबसे प्रसिद्ध ले मिस्ट्रल है।

फ्रांसीसी अकसर अपने राष्ट्र को षट्भुज के रूप में संदर्भित करते हैं और यह शब्द देश के लिए एक प्रतीक भी है। मेट्रोपॉलिटन फ्रांस का क्षेत्रफल 5,18,000 वर्ग किमी. से अधिक है, जो इसे सबसे बड़ा पश्चिमी यूरोपीय राष्ट्र बनाता है। यह यूरोपीय महाद्वीप के 5 प्रतिशत हिस्से को कवर करता है। पेरिस राजधानी और सांस्कृतिक केंद्र है, जो लंबे समय से देश के बाकी हिस्सों पर हावी है।

भारत से मेल खाती जलवायु विशेषता

फ्रांसीसी गाँव के भीतर समृद्ध उपजाऊ मैदान व हरियाली

फ्रांस वास्तव में एक ऐसा देश है, जहाँ सभी के लिए कुछ-न-कुछ है। भौगोलिक स्थिति, जलवायु और सांस्कृतिक विविधता यह सुनिश्चित करती है कि फ्रांस दुनिया के शीर्ष अवकाश स्थलों में से एक बना रहे। पहाड़ की चोटियों, जगमगाती झीलों, उपजाऊ मैदानों, घने जंगलों, रेतीले समुद्र तटों और चट्टानी खाड़ियों के साथ देश में कई प्राकृतिक विशेषताएँ हैं। फ्रांस

के पास वास्तव में यह सब है। जहाँ अल्पाइन क्षेत्र में सर्दियों में पर्याप्त हिमपात होता है, भूमध्य सागरीय तटों पर आप गरम धूप का भी आनंद ले सकते हैं। इसकी यह विशेषता हमें भारत की याद दिलाती है। जीवन-शैली भौतिक परिदृश्य, पड़ोसी विदेशी प्रभावों और मौजूदा मौसम की स्थिति के अनुसार पूरे फ्रांस में काफी भिन्न है। फ्रांस के ग्रामीण दिल में जीवन की स्थिर गति से लेकर पेरिस के उत्साही गति और ग्लैमरस दक्षिणी बंदरगाहों तक सभी स्वादों के अनुरूप जीवन का एक तरीका है। भोजन और शराब के साथ जो व्यापक रूप से प्रशंसित और उचित रूप से मनाया जाता है, कला और वास्तुकला, जो आकर्षक और उत्तेजक दोनों हैं और उत्कृष्ट खेल और मनोरंजक सुविधाएँ हैं। फ्रांस एक ऐसा देश है, जिसे तलाशने की प्रतीक्षा है। यदि आप फ्रांस जाने का विचार कर रहे हैं या यहाँ एक गृह खरीद रहे हैं, तो फ्रांस विश्व शक्ति के लिए भी जाना जाता है और सैकड़ों वर्षों से यूरोप का आर्थिक एवं सांस्कृतिक केंद्र रहा है। फ्रांस में चार अलग-अलग मौसम हैं और अविश्वसनीय किस्म के परिदृश्य हैं। बर्फ से ढके पहाड़ों से लेकर धूप वाले तटों तक और छायादार जंगलों से लेकर खनिज-समृद्ध समतल भूमि तक यहाँ मौजूद है, इस तरह फ्रांस दुनिया का सबसे लोकप्रिय पर्यटन-स्थल है।

फ्रांस का लोकप्रिय सुरम्य अटलांटिक तट

फ्रांस में कई संग्रहालय और कला-दीर्घाएँ हैं, जो इस तथ्य को दरशाती हैं कि फ्रांसीसी अपने देश की समृद्ध सांस्कृतिक, शैक्षिक और राजनीतिक विरासत को लेकर बहुत संजीदा हैं। फ्रांस का एक अशांत इतिहास रहा है, जो क्रमिक क्रांतियों की विशेषता है, लेकिन हर स्तर पर यह यूरोपीय विकास में सबसे आगे रहा है।

सांस्कृतिक विरासत को लेकर फ्रांस गंभीर

फ्रांसीसियों को अपनी संस्कृति और अपनी सांस्कृतिक विरासत पर गर्व है; मध्य युग में, कला, वास्तुकला, संगीत और साहित्य में, फ्रांस की अदालतों और मठों ने 'पश्चिमी संस्कृति' के रूप में परिभाषित की जानेवाली चीजों के विकास और शोधन में एक महत्त्वपूर्ण भूमिका निभाई। पुनर्जागरण के बाद से, यूरोप में राष्ट्रीय संस्कृतियाँ अधिक स्वतंत्र रूप से विकसित हुईं, क्योंकि राष्ट्रीय भाषाओं ने उत्तरोत्तर लैटिन को विचार अभिव्यक्ति की वाहक के रूप में बदल दिया।

राजधानियों की रानी–फ्रांस की राजधानी

फ्रांस की राजधानी के संदर्भ के बिना फ्रांस का कोई भी वर्णन संभवतः पूरा नहीं हो सकता। पेरिस यकीनन दुनिया के सबसे राजसी राजधानियों में से एक है। यह लौवर और एफिल टावर को इसके कई स्थलों में गिना जाता है, जिनमें से अधिकांश सीन नदी से पैदल दूरी के भीतर हैं। पेरिस और आसपास के आइल-डी-फ्रांस क्षेत्र महँगे हैं, लेकिन इसके स्थापत्य और सांस्कृतिक आकर्षणों की संपत्ति उच्च कीमतों को सही ठहराने के लिए किसी तरह से जाती है।

फ्रांस में जलवायु और मौसम

फ्रांस की जलवायु समशीतोष्ण है, लेकिन चार अलग-अलग जलवायु क्षेत्रों में विभाजित है। पश्चिमी फ्रांस की समुद्री जलवायु कई दिनों में औसत वर्षा लाती है और मामूली वार्षिक तापमान भिन्नताएँ (ब्रिटनी, नॉरमैंडी,

अटलांटिक लॉयर, लॉयर वैली)। मध्य और पूर्वी फ्रांस की महाद्वीपीय जलवायु में सर्दियाँ और गरम ग्रीष्मकाल (शैंपेन क्षेत्र, बरगंडी, अलसैस) हैं। दक्षिण-पूर्वी फ्रांस की भूमध्यसागरीय जलवायु गरम शुष्क ग्रीष्मकाल के लिए जिम्मेदार है, अक्तूबर से अप्रैल तक वर्षा (जब मौसम नम, लेकिन हलका होता है) और पूरे वर्ष पर्याप्त धूप (प्रोवेंस, कोटे डीश्ज़ूर और कोर्सिका) होती है। 600-800 मीटर की ऊँचाई से ऊपर फ्रांस की पर्वतीय जलवायु में भारी वर्षा होती है और प्रतिवर्ष तीन से छह महीने हिमपात होता है।

गॉल से फ्रांस तक का सफर

फ्रांस की हरियाली का भी जवाब नहीं

फ्रांसीसी राष्ट्रीय पहचान सेल्टिक, गैलो-रोमन और फ्रैंकिश संस्कृतियों में राष्ट्र की ऐतिहासिक उत्पत्ति पर आधारित है। 'फ्रांस' नाम मूल रूप से निचले राइनलैंड में कई लोगों को संदर्भित करने के लिए इस्तेमाल किया गया था। फ्रैंकिश आक्रमण और रोमनों के पीछे हटने के बाद इसे धीरे-धीरे उस क्षेत्र को दरशाने के लिए एक अधिक व्यापकता में देखा जाता है, जिसे पहले गॉल के नाम से जाना जाता था। मध्य युग तक विभिन्न क्षेत्रीय इकाइयों पर 'फ्रांसिया' नाम लागू किया गया था, जब यह फ्रांसीसी संप्रभु के राज्य को इंगित करने के लिए आया था। प्रोवेनकल और ब्रेटन जैसी क्षेत्रीय पहचान राज्य नियंत्रण की राजनीतिक इकाइयों के साथ सह-अस्तित्व में हैं। जिस हद

तक फ्रांस आज एक सजातीय राष्ट्र है, वह अत्यधिक विवादित विषय है। राजनीतिक और भाषाई एकीकरण, विशेष रूप से जन शिक्षा के माध्यम से, राष्ट्रवाद की एक सतत परियोजना रही है। आप्रवासी आबादी मुख्य रूप से पुर्तगाल और उत्तरी अफ्रीका से आती है, हालाँकि पूर्वी यूरोप से आप्रवासन बढ़ रहा है। फ्रांस अपनी आप्रवासी आबादी के लिए अत्यधिक आत्मसात् करनेवाला दृष्टिकोण अपनाता है।

वनस्पति और पशु जीवन

वनस्पति का जलवायु से गहरा संबंध है, इसलिए फ्रांस में दो प्रमुख लेकिन असमान विभाजन हैं; पहला होलारक्टिक प्रांत और दूसरा छोटा भूमध्यसागरीय प्रांत। अधिकांश फ्रांस होलारक्टिक जैव-भौगोलिक वनस्पति क्षेत्र के भीतर स्थित है, जो उत्तरी प्रजातियों की विशेषता है; इसे तीन भागों में विभाजित किया जा सकता है। पश्चिमी फ्रांस का एक बड़ा क्षेत्र एक हिस्सा बनाता है। यह चारेंट नदी के उत्तर में स्थित है और इसमें अधिकांश पेरिस बेसिन शामिल हैं। वहाँ प्राकृतिक वनस्पति की विशेषता ओक (अब खेती के लिए काफी हद तक साफ हो गई, शाहबलूत, देवदार के वृक्ष भी यहाँ हैं।

यहाँ झाड़ू, गोरसे, हीदर और ब्रैकन पाए जाते हैं। चेरेंटे के दक्षिण में, एक्विटाइन बेसिन में पठारों पर हीथ और गोरसे का मिश्रण है तथा घाटियों में ओक, सरू, चिनार और विलो की कई किस्में हैं। मासिफ सेंट्रल और अन्य चूना पत्थर के पठारों पर, झाड़ू, हीथ, लैवेंडर और जुनिपर नंगे चट्टानों के बीच दिखाई देते हैं। पूर्वी फ्रांस की वनस्पति, केंद्रीय यूरोपीय प्रकार की है, जिसमें नॉर्वे मेपल, बीच, पेडुंकुलेट ओक और लार्च जैसे पेड़ हैं; हॉर्नबीम अकसर ओक के नीचे एक झाड़ीदार परत के रूप में मौजूद होता है।

साझी सांस्कृतिक विरासत का आदर्श फ्रांस

फ्रांस में संस्कृति का विकास हुआ, विशेष रूप से साहित्य और संगीत में फ्रांसीसी परंपराओं, कला और वास्तुकला में फ्रांसीसी स्कूलों का निर्माण हुआ। बीसवीं शताब्दी के अंत तक और संस्कृति के अजेय वैश्वीकरण तक

फ्रांसीसी कला और संस्कृति ने अपनी पहचान खोना शुरू नहीं किया था और फिर भी आज फ्रांस में कई ऐसे हैं, जो संस्कृति के अंतरराष्ट्रीयकरण के खिलाफ लड़ने के लिए दृढ़ हैं और 'फ्रांसीसी' संस्कृति की रक्षा करने के लिए 'एंग्लो-सैक्सन' या अमेरिकी सांस्कृतिक साम्राज्यवाद कई लोगों द्वारा माना जाता है।

आज जो भी स्थिति हो, फ्रांस ने मानवता की साझी सांस्कृतिक विरासत में व्यापक योगदान दिया है। रंगमंच और साहित्य, कविता और दर्शन, चित्रकला और मूर्तिकला, वास्तुकला और संगीत में, इतिहास के कुछ महान् नाम, जैसे मोलिएर या जोला, ह्यूगो और वोल्टेयर, मोनेट, रोडिन या चोपिन-फ्रेंच रहे हैं और उनकी विरासत बनी हुई है आज तक यूरोपीय संस्कृति का एक अभिन्न अंग है।

यह आश्चर्य की बात नहीं है कि जब सांस्कृतिक पर्यटन की बात आती है तो फ्रांस अविश्वसनीय रूप से समृद्ध गंतव्य है। इसके चर्च और महल, शैटॉ और किले, संग्रहालय और दीर्घाएँ खोजे जाने की प्रतीक्षा कर रहे खजाने हैं।

फ्रांस की आधिकारिक भाषा फ्रेंच

फ्रांस की आधिकारिक भाषा के रूप में फ्रेंच 88 प्रतिशत आबादी की पहली भाषा है, फिर भी अधिकांश लोग दूसरी भाषा के रूप में फ्रेंच बोलते हैं, हालाँकि विशिष्ट क्षेत्रों में अल्पसंख्यक भाषाएँ पनपती हैं। उदाहरण के लिए, पूर्वी प्रांत जर्मन बोलते हैं, जबकि फ्लेमिश उत्तर-पूर्व में बोली जाती है और इतालवी दक्षिण-पूर्व में बोली जाती है। फ्रांस के भीतर अन्य समुदाय कई दूसरी भाषाएँ बोलते हैं। परिवार ने पीढ़ियों से फ्रांसीसी समाज की संस्थापक इकाई के रूप में कार्य किया है। परंपरागत रूप से पारिवारिक संरचना में विस्तारित परिवार या एकल परिवार शामिल हो सकते हैं। हाल के वर्षों में यह संरचना मुख्य रूप से एकल परिवारों के साथ-साथ एकल-माता-पिता के घरों में स्थानांतरित हो गई है। 'स्वतंत्रता, समानता और बंधुत्व' फ्रांसीसी समाज के मूल्यों को दरशाता है।

हिमालयी बुग्यालों सी प्रतीति कराते फ्रांस के चारागाह

फ्रांसीसी समाज के मानवीय मूल्य

यहाँ मुसलिम, यहूदी और बौद्ध भी सब मिलकर रहते हैं। फ्रांसीसियों के लिए समानता और एकता महत्त्वपूर्ण हैं। फ्रांसीसी भी शैली और परिष्कार को महत्त्व देते हैं; वे अपने देश की सुंदरता और कलात्मकता पर गर्व करते हैं। फ्रांसीसी संस्कृति में भी परिवार को अत्यधिक महत्त्व दिया जाता है। भोजन का समय अकसर परिवार के साथ साझा किया जाता है और सप्ताहांत में विस्तारित-पारिवारिक सभाएँ और भोजन आम हैं। फ्रांसीसी भोजन फ्रांस में भोजन का आनंद लेने के लिए होता है। भोजन बहुत सावधानी से बनाया जाता है और भोजन का समय सामाजिकता के लिए प्रमुख समय होता है।

आधुनिकता की ओर बढ़ता फ्रांस

आज फ्रेंच शैली को परिष्कृत और फैशनेबल के रूप में वर्णित किया जा सकता है। एक विशिष्ट पोशाक में लंबे कोट और स्कार्फ वाले कपड़े या सूट शामिल हो सकते हैं। फ्रेंच कला और मीडिया फ्रांसीसी परंपराओं में कलाओं की बहुत सराहना की जाती है। शौक और व्यवसायों को ऐतिहासिक

रूप से उस शिल्प कौशल के लिए गहरा सम्मान दिखाया गया है, जो उनमें जाता है। फ्रांसीसी साहित्य, चित्रकला और सिनेमा सभी ऐतिहासिक दृष्टि से विश्व भर में महत्त्वपूर्ण हैं। लेस मिजरेबल्स या मोनेट जैसे कलाकार दुनिया में सबसे अधिक पहचाने जाने योग्य हैं। लौवर संग्रहालय के बाहर एक मूर्ति। आज भी फ्रांस में कला को बहुत सम्मान दिया जाता है। पेरिस में स्थित लौवर दुनिया का सबसे बड़ा कला संग्रहालय है। यदि आप फ्रांस जाते हैं, तो आपको सड़कों पर चित्रकारी करनेवाले कलाकार भी दिखाई देंगे।

सदाबहार ओक, पहाड़ी देवदार और लार्च के समृद्ध जंगल

फ्रांसीसी परंपराएँ और युक्तियाँ

फ्रांसीसी परंपराएँ और युक्तियाँ यदि आप फ्रांस की यात्रा करते हैं, तो इन फ्रांसीसी परंपराओं से आपको तैयारी करने में मदद मिल सकती है; हाथ मिलाना आम आदमी के बीच बातचीत या औपचारिक मेल-मिलाप के लिए एक आम अभिवादन है; किसी का ध्यान आकर्षित करते समय, 'बोनजोर मैडम-महाशय' कहकर शुरू करें। यदि आप अंग्रेजी बोलते हैं। तो किसी से अंग्रेजी में बात करने से पहले पूछें कि क्या वे अंग्रेजी बोलते हैं औपचारिक

और आरक्षित होना विनम्र है, विशेष रूप से अजनबियों या परिचितों के साथ जनता में शांत स्वर अपेक्षित हैं।

फ्रांस में हाथ मिलाना अभिवादन का एक सामान्य ढंग है। दोस्त एक-दूसरे को गालों पर, एक बार बाएँ गाल पर और एक बार दाएँ गाल पर भी चुंबन करके एक-दूसरे का अभिवादन करते हैं। आपसे अपेक्षा की जाती है कि आप किसी दुकान में प्रवेश करते समय मानद उपाधि के साथ 'बोनजोर' या 'बोन्सोर' (सुप्रभात और शुभ संध्या) कहें और जाते समय 'औ रिवोइर' (अलविदा) कहें। यदि आप एक अपार्टमेंट में रहते हैं, तो अपने पड़ोसियों को समान पदवी के साथ बधाई देना विनम्र है। उपहार देने का शिष्टाचार फूल विषम संख्या में देना चाहिए, लेकिन 13 नहीं, जो कि अशुभ माना जाता है।

शिष्टाचार आवश्यक

व्यापार बैठक के लिए शिष्टाचारवश अपॉइंटमेंट आवश्यक है और कम-से-कम 2 सप्ताह पहले की जानी चाहिए। नियुक्ति लिखित या टेलीफोन द्वारा की जा सकती है और जिस व्यक्ति से आप मिल रहे हैं, उसके स्तर के आधार पर, अकसर सचिव द्वारा नियंत्रित किया जाता है। जुलाई या अगस्त के दौरान मीटिंग शेड्यूल करने का प्रयास न करें, क्योंकि यह एक सामान्य अवकाश अवधि है। यदि आपको देरी होने की उम्मीद है, तो तुरंत टेलीफोन करें और स्पष्टीकरण दें। बैठकें मुद्दों पर चर्चा करने के लिए होती हैं, निर्णय लेने के लिए नहीं। अतिशयोक्तिपूर्ण दावों से बचें, क्योंकि फ्रांसीसी अतिशयोक्ति की सराहना नहीं करते हैं। फ्रांस में व्यावसायिक बैठकों के बारे में यहाँ और पढ़ें। कारोबारी सौदेबाजी फ्रांसीसी व्यापार, शिष्टाचार और औपचारिकता की एक उचित डिग्री पर जोर देता है। यह बताने के लिए प्रतीक्षा करें कि कहाँ बैठना है। बोलते समय आँखों का सीधा संपर्क बनाए रखें। व्यापार धीरे-धीरे किया जाता है। आपको धैर्य रखना होगा और प्रोटोकॉल का कड़ाई से पालन करने से विचलित नहीं होना चाहिए। टकराव के व्यवहार या उच्च दबाववाली रणनीति से बचें। यह प्रतिकूल हो सकता है।

फ्रांसीसी भोजन की परंपरा में शामिल गुणवत्ता परक वाइन

फ्रेंच आधिकारिक भाषा है। यह 88 प्रतिशत आबादी की पहली भाषा है। अल्पसंख्यक भाषा बोलनेवालों में से अधिकांश फ्रेंच भी बोलते हैं, क्योंकि अल्पसंख्यक भाषाओं को कोई कानूनी मान्यता नहीं दी जाती है। 3 प्रतिशत आबादी जर्मन बोलती है, मुख्यतः अलसैस-लोरेन और मोसेले के पूर्वी प्रांतों में। फ्लेमिश पूर्वोत्तर में लगभग 90,000 लोगों द्वारा बोली जाती है, जो फ्रांसीसी आबादी का 0.2 प्रतिशत है। इतालवी सीमा के पास लगभग 1 मी लोग, आबादी का लगभग 1.7 प्रतिशत इतालवी बोलते हैं। बास्क 0.1 प्रतिशत और मुख्य रूप से फ्रेंच-स्पेनिश सीमा के साथ बोली जाती है। यहाँ ओसिटॉन, क्रियोल व अरबी भी बोली जाती है।

फ्रांसीसी समाज और संस्कृति

भोजन फ्रांसीसी लोगों के महान् जुनूनों में से एक है। फ्रेंच खाना पकाने को अत्यधिक परिष्कृत किया जाता है और इसमें सावधानीपूर्वक तैयारी, विस्तार पर ध्यान और ताजी सामग्री का उपयोग शामिल होता है।

यह क्षेत्र के अनुसार भिन्न होता है और स्थानीय रूप से उगाई जानेवाली चीजों से बहुत अधिक प्रभावित होता है।

फ्रांसीसी पारिवारिक-सामाजिक बंधन

मूल्य परिवार देश का सामाजिक बंधन है और प्रत्येक सदस्य के कुछ कर्तव्य और जिम्मेदारियाँ होती हैं। विस्तारित परिवार भावनात्मक और वित्तीय दोनों सहायता प्रदान करता है। रोमांटिक के रूप में उनकी प्रतिष्ठा के बावजूद फ्रांसीसी विवाह के प्रति व्यावहारिक दृष्टिकोण रखते हैं। परिवारों में कम बच्चे होते हैं, लेकिन माता-पिता अभिभावक और परदादा के रूप में भूमिका को बहुत गंभीरता से लेते हैं।

रिश्ते सार्वजनिक बनाम निजी

फ्रांसीसी निजी लोग हैं और उनके सामाजिक दायरे के लोगों के लिए व्यवहार के अलग-अलग नियम हैं। फ्रांसीसी आम तौर पर सभी व्यवहारों में विनम्र होते हैं, उनके करीबी दोस्तों और परिवार के साथ ही वे सहज होते हैं। वे स्वयं होने के लिए स्वतंत्र होते हैं। मित्रता अपने साथ भूमिकाएँ और जिम्मेदारियाँ लेकर आती है, जिसमें आवश्यकता होने पर आपकी उपलब्धता होनी चाहिए। दोस्ती में बार-बार मिलना-जुलना आम बात है, दैनिक नहीं, सप्ताह में सामाजिक गतिविधियाँ होती रहती हैं।

परंपरागत फ्रांसीसी परिधान में युवक-युवतियाँ

फ्रांसीसी भोजन में पनीर की महत्त्वपूर्ण भूमिका

भोजन व्यवहार में भी अनुशासित फ्रांसीसी

टेबल मैनर्स कॉण्टिनेंटल हैं—खाना खाते समय काँटा बाएँ हाथ में और चाकू दाहिने हाथ में होता है—यह सब तो पता है, लेकिन यह पता था कि यदि रेस्त्राँ में आपकी बैठने की योजना है तो आप परिचारिका की प्रतीक्षा करें, आपको किसी भी विशेष सीट पर निर्देशित किया जा सकता है।

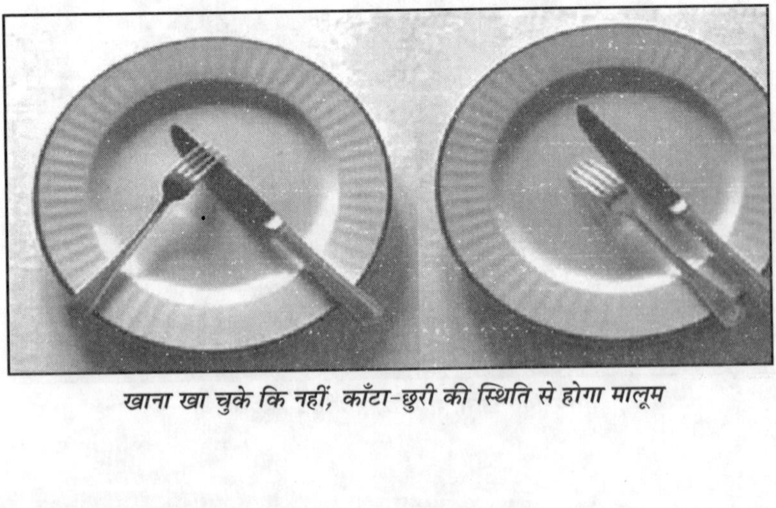

खाना खा चुके कि नहीं, काँटा-छुरी की स्थिति से होगा मालूम

जब तक परिचारिका 'बोन एपीटिट' न कहे, तब तक खाना शुरू न करें। यदि आपने खाना समाप्त नहीं किया है, तो अपने चाकू और काँटे को अपनी प्लेट पर काँटे से परे करें। हाँ, अगर खाना समाप्त तो फिर काँटा-चाकू साथ-साथ रखें।

□

3

फ्रांस का इतिहास

फ्रांस के इतिहास का पहला लिखित अभिलेख लौहयुग में सामने आया। अब जो फ्रांस है, वह उस क्षेत्र का बड़ा हिस्सा है, जिसे रोम के लोग 'गॉल' के नाम से जानते हैं। ग्रीक लेखकों ने इस क्षेत्र में तीन मुख्य जातीय-भाषाई समूहों गल्स, एक्विटानी और बेल्गे की उपस्थिति का उल्लेख किया। गल्स सबसे बड़ा और सबसे अच्छा प्रमाणित समूह सेल्टिक लोग थे, जो गौलिश भाषा के रूप में जाना जाता है।

ग्रीक व रोमन का भी रहा बड़ा योगदान

वास्तुकला का बेजोड़ नमूना, 12वीं शताब्दी का महल

वह भूमि जो आज फ्रांस का देश बनाती है, हजारों वर्षों से बसी हुई है। 600 ईसा पूर्व में ग्रीक साम्राज्य का एक हिस्सा दक्षिणी फ्रांस में बस गया और उस शहर की स्थापना की, जो आज फ्रांस का सबसे पुराना शहर 'मार्सिले' है। उसी समय फ्रांस के अन्य क्षेत्रों में सेल्टिक गल्स प्रमुख हो रहे थे। गल्स ने 390 ईसा पूर्व में रोम शहर को बर्खास्त कर दिया था। बाद में रोमन ने गॉल पर विजय प्राप्त की और यह क्षेत्र चौथी शताब्दी तक रोमन साम्राज्य का एक उत्पादक हिस्सा बन गया। फ्रैंक्स, जहाँ से फ्रांस का नाम आता है, सत्ता पर काबिज होने लगे।

सभ्यता के ऊषाकाल से संबंध रहा है फ्रांस का

फ्रांस का इतिहास गहरा और विविध है, जो प्रागैतिहासिक काल से हजारों साल पुराना है और आज की ओर बढ़ रहा है, जहाँ फ्रांस यूरोप के अग्रणी देशों में से एक है। बहुत पीछे जाने पर, निएंडरथल, जो अब फ्रांस में निवास करते हैं, वे सबसे पहले निएंडरथल थे। इन प्रारंभिक होमो सेपियंस के साक्ष्य 19वीं शताब्दी के अंत में खोजे गए थे।

फ्रांस 5वीं शताब्दी तक रोमन शासन के अधीन रहा। 5वीं और 10वीं शताब्दी के बीच मेरोविंगियन और कैरोलिंगियन के राजवंशों ने फ्रांस पर शासन किया। 768 में शारलेमेन ने फ्रैंक्स को एकजुट किया और राज्य का विस्तार करना शुरू किया। उन्हें पोप द्वारा पवित्र रोमन सम्राट् नामित किया गया था और आज उन्हें फ्रांसीसी एवं जर्मन, दोनों राजतंत्रों का संस्थापक माना जाता है। अगले 1000 वर्षों तक फ्रांस की राजशाही यूरोप में एक महान् शक्ति बनी रही।

कभी इंग्लैंड भी अधीन रहा फ्रांस के

फ्रांस यूरोप की महाशक्ति रहा है। इंग्लैंड, जिसकी कभी दुनिया में तूती बोलती थी, उसे भी फ्रांस ने विजित कर लिया था। फ्रेंकिश राजा शारलेमेन, जिन्होंने पवित्र रोमन सम्राट् की उपाधि धारण की। उन्होंने फ्रांस को एकजुट ही नहीं, उसे सामरिक शक्ति भी बना दिया। उनकी मृत्यु के बाद उनके तीन पोतों ने अपने साम्राज्य को आपस में बाँट लिया और फ्रांस, जर्मनी एवं इटली के समान क्षेत्रों पर कब्जा कर लिया। कई स्थानीय प्रभुओं के शासन के साथ

ये क्षेत्र तेजी से सामंती हो गए। वाइकिंग्स या 'नॉर्थमेन' ने तटीय बस्तियों पर छापा मारा, नॉर्मंडी का उपनिवेश किया, उनके नाम पर एक क्षेत्र और 1066 में इंग्लैंड पर विजय प्राप्त की, ड्यूक विलियम-विलियम द कॉन्करर को इंग्लैंड के राजा के रूप में स्थापित किया।

सौ साल के युद्ध में तबाह हुआ फ्रांस

फ्रांस मध्ययुगीन फ्रांसीसी इतिहास का एक दिलचस्प हिस्सा है, यहाँ जब नॉर्मंडी के ड्यूक विलियम द कॉन्करर ने कई महत्त्वपूर्ण लड़ाइयाँ जीतीं और 1066 में इंग्लैंड की गद्दी सँभाली। पहला धर्मयुद्ध देश में फैले कई महान् कैथेड्रल के लिए जिम्मेदार था। बाद में सौ साल के युद्ध ने 1337-1453 से फ्रांस को तबाह कर दिया, जब अंग्रेजों ने आक्रमण किया। जोन ऑफ आर्क ने अंग्रेजों को निष्कासित करने का प्रयास किया और बाद में 1431 में विधर्म के लिए रूएन में जला दिया गया।

पेरिस का इतिहास रोमन काल का है, क्योंकि गॉल और रोमन पेरिस के आसपास के क्षेत्र पर नियंत्रण के लिए झगड़ते थे, जब तक कि जूलियस सीजर 53 ईसा पूर्व में सत्ता में नहीं आया और गल्स को हराया। मध्य युग के दौरान पेरिस एक व्यापारिक केंद्र के रूप में समृद्ध हो रहा था। नोट्रे डेम का निर्माण 12वीं शताब्दी में शुरू हुआ, लौवर को एक किले के रूप में बनाया गया था और लैटिन क्वार्टर 13वीं शताब्दी में एक बौद्धिक केंद्र के रूप में विकसित होना शुरू हुआ। पेरिस का इतिहास काफी हद तक फ्रांस के इतिहास से प्रभावित था, क्योंकि सौ साल के युद्ध ने पेरिस को भूखा छोड़ दिया था और इसके शासकों ने उत्सुकता से इतालवी पुनर्जागरण को अपनाया, जिससे कला और वास्तुकला का विकास हुआ, जो पेरिस को अद्वितीय बनाता है।

प्लेग व गृहयुद्ध बना ऐतिहासिक क्रांति का कारण

ब्लैक डेथ यानी जानलेवा प्लेग के एक दशक पहले, फ्रांस और इंग्लैंड के बीच विवादित क्षेत्रीय और वंशवादी दावों के कारण फ्रांस में सौ साल का युद्ध (1337-1453) हुआ। जब फ्रांसीसी अंततः जीत गए, अंग्रेजों ने कैलाइस

को छोड़कर कोई फ्रांसीसी संपत्ति नहीं रखी। एक बार बरगंडी और ब्रिटनी जोड़े जाने के बाद वालोइस राजवंश की होल्डिंग आधुनिक फ्रांस के समान हो गई। 1540 के दशक के बाद जॉन केल्विन का प्रोटेस्टेंटवाद पूरे फ्रांस में फैल गया और गृहयुद्धों का कारण बना। बोर्बोन राजवंश के हेनरी चतुर्थ द्वारा जारी किए गए 'द एडिक्ट ऑफ नैनटेस' (1598) ने कैथोलिक धर्म को फ्रांस के स्थापित धर्म के रूप में कायम रखा, लेकिन फ्रांसीसी प्रोटेस्टेंट (ह्यूगनॉट्स) को धार्मिक सहिष्णुता प्रदान की और धार्मिक संघर्ष को शांत किया। लुई XIV (1643-1715) सूर्य राजा के शासनकाल में पूर्ण राजशाही अपने चरम पर पहुँच गई, जिसने फ्रांसीसी कला और वास्तुकला के उत्सव वर्साय के महल का निर्माण कराया। लुई और उनके उत्तराधिकारियों की महत्त्वाकांक्षी परियोजनाओं और सैन्य अभियानों ने अठारहवीं शताब्दी में पुरानी वित्तीय समस्याओं को जन्म दिया। बिगड़ती आर्थिक स्थिति और विशेषाधिकारों की व्यवस्था के खिलाफ लोकप्रिय आक्रोश और कुलीनों तथा पादरियों द्वारा प्राप्त कर छूट फ्रांसीसी क्रांति (1789-94) के प्रमुख कारणों में से थे। क्रांति ने अनियंत्रित राजतंत्रीय शासन को समाप्त कर दिया, गैर-कुलीन अभिजात वर्ग की शक्ति को बढ़ाया और किसानों के लिए अधिक न्यायसंगत भूमि वितरण व्यवस्था लाई गई।

एक और ऐतिहासिक विरासत, मध्यकालीन कैसल

फ्रांसीसी क्रांतिकारी आदर्शों, विशेष रूप से राष्ट्रीयता और सार्वभौमिक अधिकारों के आदर्शों ने लंबे समय से दुनिया में कहीं और राष्ट्रीय आंदोलनों के विकास पर एक शक्तिशाली प्रभाव साबित किया है, हालाँकि गणतंत्र और समतावादी सरकार में फ्रांस का अपना पहला प्रयोग उथल-पुथल में गिर गया, जिसका समापन 'आतंक के शासन' में हुआ।

हजार साल की राजशाही का हुआ अंत

1700 के दशक की फ्रांसीसी क्रांति आधुनिक यूरोपीय इतिहास की एक महत्त्वपूर्ण घटना थी। यह सामाजिक, राजनीतिक, आर्थिक और आमूलचूल परिवर्तनों का दौर था, जो नेपोलियन बोनापार्ट की चढ़ाई के साथ समाप्त हुआ। 1789-1799 तक फ्रांसीसी क्रांति के दौरान प्रमुख सामाजिक उथल-पुथल दुनिया के आधुनिक इतिहास की एक महत्त्वपूर्ण घटना है। क्रांति के कई कारण रहे हैं, जिसके कारण हजार साल से कायम राजशाही का पतन हुआ और फ्रांस में 'फ्रांसीसी वाणिज्य दूतावास' की स्थापना हुई। फ्रांसीसी क्रांति के बारे में जानने पर हमें फ्रांसीसी क्रांति के बारे में बहुत सारी जानकारी मिलेगी, जो अंततः हमें यह समझने में मदद करेगी कि फ्रांसीसी क्रांति क्यों और कैसे हुई। फ्रांसीसी क्रांति के बाद के प्रभाव फ्रांसीसी क्रांति के लगभग 10 वर्षों तक नहीं रहे, लेकिन आज भी वहाँ के प्रत्येक लोकतंत्र को प्रभावित कर रहे हैं।

ऐतिहासिक क्रांति और राजा को फाँसी

फ्रांसीसी क्रांति 1789 की सुबह में पेरिस शहर खतरे की स्थिति में था। अफवाह फैल गई कि राजा जनता पर गोलियाँ चलाएगा। लोगों ने इकट्ठा होना शुरू कर दिया और हथियारों की तलाश में कई राज भवनों को तोड़ना शुरू कर दिया। बैस्टिल के कमांडिंग ऑफिसर सशत्र संघर्ष में मारे गए और कैदियों को रिहा कर दिया गया। लोगों ने बैस्टिल का तिरस्कार किया, क्योंकि यह राजा की निरंकुश शक्ति के लिए खड़ा था। फ्रांस में राजा को फाँसी दी गई।

समृद्ध राजशाही का प्रतीक मध्यकालीन कैसल

1774 में लुई सोलहवें ने फ्रांस की गद्दी सँभाली। युद्ध के कारण फ्रांस का खजाना खाली हो गया था। फ्रांस राजा लुई चतुर्थ के तहत ब्रिटेन से स्वतंत्रता प्राप्त करने के लिए तेरह अमेरिकी उपनिवेशों की सहायता की। सेना, अदालत, सरकारी कार्यालय चलाने या विश्वविद्यालय चलाने जैसे दैनिक खर्चों को पूरा करने के लिए कर बढ़ाए गए थे।

ऐतिहासिक फ्रेंच क्रांति को दिखाती रोमांचक कलाकृति

अठारहवीं शताब्दी में फ्रांस तीन संपदाओं में विभाजित हो गया था। सामंती व्यवस्था मध्य युग का हिस्सा थी। नब्बे प्रतिशत आबादी पर किसानों का प्रभुत्व था, लेकिन उनमें से केवल एक छोटे प्रतिशत के पास ही उस भूमि का स्वामित्व था, जो उन्होंने खेती की थी। साठ प्रतिशत रईसों, चर्च और तीसरे एस्टेट के अन्य धनी सदस्यों के थे। जन्म के बाद से पादरी और कुलीन वर्ग, पहले दो संपदाओं के सदस्यों के पास कुछ विशेष विशेषाधिकार थे। इन समूहों को करों का भुगतान करने से बाहर रखा गया था और उन्हें सामंती विशेषाधिकार प्राप्त थे। तीसरी संपत्ति ने राज्य को करों का भुगतान किया, जिसमें प्रत्यक्ष कर, जिसे 'टेल' के रूप में जाना जाता है और नमक या तंबाकू जैसे रोजमर्रा के सामान पर अप्रत्यक्ष कराधान की एक सूची शामिल है।

जीवन रक्षा के लिए आर-पार का संघर्ष

जनसंख्या में वृद्धि से पहले ही खाद्यान्न की माँग में तेजी से वृद्धि हुई थी। अनाज का उत्पादन वास्तव में माँगों को पूरा नहीं कर सका, जिसके कारण रोटी की कीमत में तेजी से वृद्धि हुई। श्रमिकों को कम मजदूरी भुगतान के कारण अमीर और गरीब के बीच की खाई चौड़ी हो गई। हालात तब और खराब हो गए, जब सूखे या ओलावृष्टि ने फसल को नष्ट कर दिया।

किसानों ने धीरे-धीरे करों और भोजन की कमी के खिलाफ विद्रोह में भाग लेना शुरू कर दिया। तीसरा एस्टेट अब समृद्ध हो गया था और गुणवत्तापूर्ण शिक्षा एवं नए विचारों तक उसकी पहुँच थी। अठारहवीं शताब्दी में लोगों का नया समूह उभरा, जिसे मध्यम वर्ग कहा जाता है, जिसने विदेशी व्यापार के विस्तार और ऊनी तथा रेशमी वस्त्रों के उत्पादन के माध्यम से धन प्राप्त किया, जो या तो समुदाय के धनी सदस्यों द्वारा निर्यात किए या खरीदे गए थे। तीसरी संपत्ति में वकील या प्रशासनिक अधिकारी जैसे पेशेवर थे। व्यक्ति की सामाजिक स्थिति अब उनकी योग्यता पर निर्भर थी।

इन समूहों का मानना था कि जन्म से समाज में किसी भी समूह को विशेषाधिकार प्राप्त नहीं होना चाहिए, बल्कि किसी व्यक्ति की सामाजिक

स्थिति को उसकी योग्यता पर निर्भर होना चाहिए। लोगों और उनके प्रतिनिधियों के बीच एक सामाजिक अनुबंध के आधार पर रूसो द्वारा इस दौरान सरकार की एक नई प्रणाली प्रस्तावित की गई थी।

अंततः गुलामी का हुआ उन्मूलन

जैकोबिन शासन का सबसे क्रांतिकारी सामाजिक सुधार फ्रांसीसी उपनिवेशों में दासता का उन्मूलन था। दास व्यापार सत्रहवीं शताब्दी में शुरू हुआ, जहाँ दासों को स्थानीय प्रमुखों से लाया गया, जंजीर में कैद विभिन्न अफ्रीकी देशों से दासों को तीन महीने की यात्रा के लिए जहाजों में लाया जाता था।

दुनिया की क्रांतियों की जनक 'फ्रांसीसी क्रांति' की झलक

दासता ने यूरोपीय देशों में चीनी, कॉफी और नील व्यवसाय की बढ़ती माँगों को पूरा किया। 18वीं शताब्दी के दौरान फ्रांस में गुलामी की शायद ही कोई निंदा की गई हो। 1794 में कन्वेंशन ने फ्रांसीसी विदेशी संपत्ति में सभी दासों की मुक्ति का कानून बनाया। दस वर्षों के बाद नेपोलियन ने दासता को

फिर से शुरू किया, जिसे बाद में 1848 में फ्रांसीसी उपनिवेशों में समाप्त कर दिया गया था।

प्रेस की आजादी बहाल होना बड़ी उपलब्धि

इस तरह सेंसरशिप खत्म हुई और नागरिक अधिकारों की घोषणा ने भाषण और अभिव्यक्ति की स्वतंत्रता को एक प्राकृतिक अधिकार के रूप में मान्यता दे दी। प्रेस की स्वतंत्रता का मतलब था कि कार्यों का विरोध व्यक्त किया जा सकता है। व्यक्तियों के ये अधिकार फ्रांसीसी क्रांति और उसके उद्देश्यों के बारे में हैं। निष्कर्षत: यह फ्रांसीसी क्रांति के बारे में एक सारांश है, जो हमें फ्रांसीसी क्रांति के बाद की अंतर्दृष्टि प्रदान करता है। नेपोलियन बोनापार्ट ने 1804 में खुद को फ्रांस के सम्राट् का ताज पहनाया और कई कानूनों का शुभारंभ किया, जैसे कि निजी संपत्ति की सुरक्षा और दशमलव प्रणाली द्वारा दिए गए वजन और माप की एक समान प्रणाली। 1815 में वाटरलू द्वारा नेपोलियन को पराजित किया गया था। स्वतंत्रता और लोकतांत्रिक अधिकारों के विचार फ्रांसीसी क्रांति की सबसे महत्त्वपूर्ण उपलब्धि थी। उपनिवेशवादी लोगों ने एक संप्रभु राष्ट्र-राज्य बनाने की स्वतंत्रता के विचार को फिर से परिभाषित किया। फ्रांस उन्नीसवीं शताब्दी में चार मौकों पर तानाशाही या संवैधानिक राजतंत्र के रूप में लौट आया—नेपोलियन बोनापार्ट का साम्राज्य (1804-14 और तीन महीने की बहाली, 1815), बोरबॉन बहाली (1814-30), लुई का शासन—फिलिप (1830-48) और नेपोलियन तृतीय का दूसरा साम्राज्य (1852-70)।

तीसरा गणराज्य, जो 1940 में नाजी जर्मनी के हाथों फ्रांस की सैन्य हार तक चला। राजनीतिक परिदृश्य में इन परिवर्तनों के दौरान फ्रांस औद्योगीकरण, विज्ञान और प्रौद्योगिकी और अंतत: श्रम एवं सामाजिक कानून में दुनिया के नेताओं में से एक रहा। यूरोप के औपनिवेशिक विस्तार में फ्रांस भी एक प्रमुख भागीदार था, जो अफ्रीका, मध्य-पूर्व और सुदूर पूर्व में अपने साम्राज्य की सीमा में ब्रिटेन के बाद दूसरे स्थान पर था।

विश्वयुद्धों ने तोड़ दी फ्रांस की कमर

1914 में फ्रांस प्रथम विश्वयुद्ध में काफी नुकसान झेलकर बहुत कमजोर हो गया। युद्ध में लगभग 1.3 मिलियन फ्रांसीसी सैनिक मारे गए। दस लाख से ऊपर विकलांग हो गए। युद्ध ने फ्रांसीसी अर्थव्यवस्था को भी बहुत नुकसान पहुँचाया। कई इमारतें नष्ट हो गईं और अनेक पालतू जानवर मारे गए। इसके अलावा, फ्रांसीसी सरकार भारी कर्ज में डूबी हुई थी; हालाँकि 1920 के दशक की शुरुआत में फ्रांसीसी अर्थव्यवस्था में सुधार हुआ। मगर 1929 में वॉल स्ट्रीट क्रैश ने दुनिया भर में अवसाद को जन्म दिया, लेकिन इसका फ्रांस पर प्रभाव पहुँचने में काफी समय लगा। 1932 में पुनः अर्थव्यवस्था में गिरावट शुरू हो गई। रही-सही कसर दूसरे विश्वयुद्ध ने पूरी कर दी।

यूरोपीय देशों में दासता की वीभत्सता दरशाती झाँकी

दूसरा विश्वयुद्ध 3 सितंबर, 1939 को शुरू हुआ, जब फ्रांस ने जर्मनी के खिलाफ युद्ध की घोषणा की। 10 मई, 1940 को जर्मनों ने तटस्थ हॉलैंड और बेल्जियम पर हमला किया। उन्हें रोकने के लिए ब्रिटिश और फ्रांसीसियों ने बेल्जियम में सेना भेजी; हालाँकि जर्मन टैंक उत्तर-पूर्व फ्रांस में अर्देनेस फॉरेस्ट से होकर गुजरे, फिर वे मित्र देशों की सेना को काटकर तट पर चले गए।

पहले विश्वयुद्ध के दौरान फ्रांस में भारत के सैनिक

जर्मन अब फ्रांस में आगे बढ़ने लगे। दहशत से त्रस्त लाखों फ्रांसीसी नागरिक उनके सामने से भाग गए। 22 जून, 1940 को फ्रांस ने आत्मसमर्पण कर दिया। जर्मनी ने कठोर शर्तें लगाईं। उत्तर और पूर्वी फ्रांस पर जर्मनों का कब्जा हो गया। 10 जुलाई, 1940 को फ्रांसीसी विधानसभा ने पेटेन को तानाशाही शक्तियाँ प्रदान कीं। वह विची में स्थित दक्षिणी फ्रांस में एक नए फासीवादी राज्य का प्रमुख बन गया। विची शासन ने जल्द ही यहूदियों को सताना शुरू कर दिया; हालाँकि शासन अल्पकालिक था। नवंबर 1942 में जर्मनों ने दक्षिणी फ्रांस पर कब्जा कर लिया।

दूसरे विश्वयुद्ध के बाद फ्रांस में राजनीतिक हलचल

पहले विश्वयुद्ध में फ्रांस पहुँचे गढ़वाल राइफल के जवान

इसके अलावा जर्मनों ने फ्रांस के संसाधनों को खत्म कर दिया। जर्मनी में सैकड़ों-हजारों फ्रांसीसी लोगों को जाने और काम करने के लिए मजबूर किया गया था। जर्मनों ने भी फ्रांसीसी उद्योग के बहुत से सामान ले लिये। उन्होंने फ्रांसीसी कृषि की अधिकांश उपज भी ले ली। नतीजतन, फ्रांस में व्यापक कुपोषण पैदा हो गया। इस बीच 1944 की गरमियों में सहयोगियों ने फ्रांस को मुक्त कर दिया और डी गॉल राष्ट्रपति बने, हालाँकि उन्होंने जल्द ही एक नवनिर्वाचित विधानसभा के साथ झगड़ा किया। उन्होंने जनवरी 1946 में इस्तीफा दे दिया। 1947 में एक नया संविधान तैयार किया गया था, हालाँकि डी. गॉल ने शुरू से ही नए संविधान का विरोध किया था, जैसा कि उन्हें डर था कि इसने कमजोर सरकारों की एक श्रृंखला का निर्माण किया, हालाँकि 1940 के दशक के अंत में फ्रांस युद्ध से जल्दी उबर गया। 1951 तक फ्रांसीसी औद्योगिक उत्पादन अपने युद्ध-पूर्व स्तर पर पहुँच गया था। फिर 1950 के दशक में फ्रांस को अपने उपनिवेशों से परेशानी हुई। 19वीं

शताब्दी के अंत में फ्रांस ने दक्षिण–पूर्व एशिया में एक साम्राज्य का निर्माण किया; हालाँकि 1945 के बाद वियतनाम ने स्वतंत्रता के लिए लड़ाई लड़ी। 1954 में कम्युनिस्टों ने डी.एन. बिएन फु में एक बड़ी जीत हासिल की और फ्रांसीसियों को पीछे हटने के लिए मजबूर होना पड़ा।

अल्जीरियाई स्वतंत्रता के मुद्दे पर फ्रांस भी अलग हो गया। फिर 13 मई, 1958 को अल्जीरिया में फ्रांसीसी उपनिवेशवादियों ने सत्ता पर कब्जा कर लिया और फ्रांस को गृहयुद्ध की धमकी दी गई। संकट के समय 1 जून, 1958 को नेशनल असेंबली ने डी गॉल को 6 महीने के लिए आपातकालीन शक्तियाँ देने के लिए मतदान किया। चौथा गणतंत्र समाप्त हो गया।

फ्रांस में ऐतिहासिक पाँचवाँ गणराज्य

फ्रांसीसी बालक को दुलारते भारतीय सैनिक

डी. गॉल ने सितंबर 1958 में एक संशोधित संविधान के लिए एक जनमत संग्रह बुलाया। फ्रांसीसियों ने इसके पक्ष में भारी मतदान किया। डी. गॉल ने खुद को राष्ट्रपति के रूप में शक्तियों में काफी वृद्धि की, फिर 1959 में डी. गॉल ने अल्जीरिया में FLN के साथ बातचीत शुरू की, हालाँकि 1961

में अल्जीरिया में फ्रांसीसी उपनिवेशवादियों ने स्वतंत्रता के खिलाफ लड़ने के लिए ऑर्गनाइजेशन आर्मी सेक्रेटे का गठन किया। डी. गॉल की हत्या के प्रयास किए गए, लेकिन जुलाई 1962 में अल्जीरिया ने स्वतंत्रता के लिए मतदान किया।

डी. गॉल 1965 में फिर से निर्वाचित हुए, लेकिन बहुत ही थोड़े बहुमत से, हालाँकि मई 1968 में फ्रांस में विस्फोट हो गया। यह नैनटेरे विश्वविद्यालय में छात्रों के बीच एक विरोध के रूप में शुरू हुआ। विरोध जल्द ही सोरबोन में फैल गया। विरोध प्रदर्शन में कार्यकर्ता भी शामिल हुए। 10 मई को दंगा पुलिस ने प्रदर्शनकारियों पर हमला किया और जवाब में ट्रेड यूनियनों ने एक आम हड़ताल का आह्वान किया। विरोध पूरे फ्रांस में भी फैल गया।

हालाँकि कम्युनिस्ट पार्टी ने डी. गॉल का समर्थन करना जारी रखा। इसके अलावा प्रधानमंत्री जॉर्जेस पोम्पीडौ ने वेतन-वृद्धि की पेशकश करके मजदूर वर्ग के गुस्से को शांत किया।

फिर शीर्ष महाशक्तियों में फ्रांस

महाशक्तियों में एक आधुनिक एवं विकसित फ्रांस

फ्रांस ने फिर चमत्कारी प्रगति की। आज वह विश्व की पाँच महाशक्तियों में एक है। वह दुनिया की शीर्षस्थ अर्थव्यवस्थाओं में शुमार है। फ्रांस विकसित हुआ है। फ्रांस की अर्थव्यवस्था अत्यधिक विकसित और मुक्त-बाजार-उन्मुख है। यह 2020 तक दुनिया की सातवीं सबसे बड़ी अर्थव्यवस्था थी। आज विश्व बैंक फ्रांस को एक धनी, उच्च आय वाले राष्ट्र के रूप में वर्गीकृत करता है। फ्रांसीसी नागरिक कुछ सामाजिक सेवाओं, जैसे शिक्षा, स्वास्थ्य देखभाल और सेवानिवृत्ति के लिए पेंशन की गारंटी के लिए संघीय सरकार की ओर देखते हैं। अर्थव्यवस्था में पर्यटन का प्रमुख योगदान है—फ्रांस आमतौर पर सबसे अधिक देखे जानेवाले देशों की सूची में सबसे ऊपर है।

□

4

लोकतांत्रिक उदार गणराज्य

फ्रांस में प्रमुख धर्म रोमन कैथोलिक माना जाता है। अतीत में इसे राज्य धर्म के रूप में मान्यता थी। फ्रांसीसी क्रांति के बाद राज्य धर्म रहा। 1958 के संविधान में स्पष्ट कर दिया गया—'फ्रांस एक अविभाज्य, धर्मनिरपेक्ष, लोकतांत्रिक और सामाजिक गणराज्य है। यह गारंटी देता है कि सभी नागरिकों को उनके मूल, जाति या धर्म की परवाह किए बिना कानून के समक्ष समान माना जाता है और सभी धार्मिक विश्वासों का सम्मान किया जाता है।'

फ्रांस में प्रमुख धर्म रोमन कैथोलिक का एक चर्च

'धर्म का अभ्यास करने की स्वतंत्रता' को 1905 से मान्यता दी गई, जब चर्च और राज्य के पृथक्करण पर कानून लागू हुआ और सार्वजनिक क्षेत्र में राज्य धर्मनिरपेक्षता की स्थापना हुई। फ्रांसीसी राज्य किसी एक धर्म का पक्ष नहीं लेता है। यह गणतंत्र के कानूनों और सिद्धांतों के संबंध में उनके शांतिपूर्ण सह-अस्तित्व की गारंटी देता है। पुराने समय में फ्रांस के राजा और पोप ने कैथोलिक धर्म के लिए राज्य और धर्म (चर्च) के बीच गहरा रिश्ता साझा किया। इस तरह प्राचीन शासन के दौरान यह एक राज्यधर्म के रूप में माना गया। फ्रांस ने अविभाज्य, धर्मनिरपेक्ष, लोकतांत्रिक और सामाजिक गणराज्य के रूप में दुनिया में स्थान बनाया है।

संविधानों की प्रयोगशाला कहा जाता है फ्रांस

दुनिया के संविधानों के इतिहास में ब्रिटेन, संयुक्त राज्य अमेरिका, स्विट्जरलैंड और फ्रांस का नाम विशेष उल्लेखनीय है। ब्रिटेन का जहाँ संविधान की जननी कहा जाता है, वहीं संयुक्त राज्य अमेरिका को अध्यक्षात्मक शासन प्रणाली की जननी कहा गया है। साथ ही दुनिया में प्रत्यक्ष प्रजातंत्र का आदर्श उदाहरण स्विट्जरलैंड है। इसी तरह फ्रांस को संविधान की प्रयोगशाला के विशेषण से सुशोभित किया गया है। राज्य-क्रांति के बाद यहाँ औसतन हर बारह साल में नया संविधान निर्मित हुआ है।

इस तरह राष्ट्रपति व्यवस्था में यहाँ के राष्ट्रपति को असीम अधिकार प्राप्त हैं। वह अमेरिकी राष्ट्रपति से भी कहीं अधिक ताकतवर है। सदन से लेकर प्रधानमंत्री और मंत्री सबको बनाए रखने का अधिकार भी राष्ट्रपति के पास सुरक्षित है। दुनिया की पाँचवीं महाशक्ति फ्रांस लंबे निरंकुश राजतंत्र और क्रांति के लिए जाना जाता है। यहाँ की राज्य-क्रांति दुनिया की सारी क्रांतियों की जननी मानी गई है।

दुनिया के लिए उदारता का एक प्रकाश-स्तंभ

दुनिया भर के देशों में फ्रांस अपनी धर्मनिरपेक्षता के लिए जाना जाता है। फ्रांस उन देशों में है, जहाँ हर कोई अभिव्यक्ति की आजादी के वास्तविक

रूप को महसूस कर सकता है। फ्रांस पूरी दुनिया में उदारवादी धर्मनिरपेक्ष देशों के लिए एक प्रकाश-स्तंभ है। इस सब के बावजूद देश में धर्म-आधारित हिंसात्मक घटनाएँ होती रहती हैं। फ्रांस में नवीनतम संकट एक विद्यालय के इतिहास के शिक्षक की हत्या के रूप में सामने आया। उसके बाद फ्रांस के नीस शहर में फैली हिंसा व तनाव ने कलुषित करने का काम किया। फ्रांस की धर्मनिरपेक्षता के अनूठे मॉडल को इससे न केवल चर्च और राज्य का औपचारिक अलगाव सामने आया, बल्कि धार्मिक मूल्यों को हटाना और स्वतंत्रता, समानता एवं बंधुत्व जैसे धर्मनिरपेक्ष मूल्यों पर लोगों को अंगुली उठाने का मौका मिल गया। इसने फ्रांसीसी समाज में सामाजिक तनाव पैदा कर दिया। अंततः समाज, देश आगे आया और अपने उदार मूल्यों को फिर से व्यक्त करने के लिए प्रेरित किया गया, जिससे आंतरिक तनाव कम हो और भविष्य में इसकी पुनरावृत्ति न हो।

फ्रांसीसी गणतंत्र में भाग लेती यहूदी मूल की बालिकाएँ

स्वतंत्रता, समानता, बंधुत्व अनूठी मिसाल

धर्मनिरपेक्षता का फ्रांसीसी मॉडल 1905 में फ्रांसीसी क्रांति के दौरान विकसित किया गया था। आज फ्रांस में आधिकारिक तौर पर राज्य धर्म नहीं है, लेकिन देश के अधिकांश निवासियों की पहचान रोमन कैथोलिक के रूप में है। इसलाम और प्रोटेस्टेंटवाद देश के दूसरे और तीसरे सबसे बड़े धर्म हैं।

यह मुट्ठी भर यहूदी व वहाई धर्म माननेवालों का भी घर है, साथ ही ऐसे लोगों की संख्या भी अधिक है, जो किसी भी धर्म का पालन नहीं करते हैं। भारत में ऐसी बात सुनकर हर किसी को हैरानी हो सकती है, परंतु विश्व के कई देशों में यह एक आम बात है। इस आदर्श वाक्य की उत्पत्ति 18वीं शताब्दी में फ्रांसीसी क्रांति के दौरान हुई थी। इस ऐतिहासिक काल ने देश के राष्ट्रीय चरित्र को गहराई से बदल दिया। अब यहाँ सभी नागरिकों को धर्म की परवाह किए बिना समान समझा जाता है।

'स्वतंत्रता, समानता, बंधुत्व' फ्रांस और हैती गणराज्य का राष्ट्रीय आदर्श वाक्य है। यह आदर्श वाक्य मुझे अपनी संस्कृति के बेहद करीब लगता है।

फ्रांस में मुसलिम धर्मावलंबी नमाज अता करते हुए

फ्रांस की आधी आबादी नास्तिक है

फ्रांस में विभिन्न धर्मों के बारे में एक रोचक तथ्य यह भी है कि यहाँ धर्मों के मतावलंबी अपनी विशिष्ट शैली में धर्म का प्रचार-प्रसार करते हैं। यहाँ कोई ईश्वर को मानता है तो कोई किसी चमत्कारी शक्ति को। यहाँ कराए गए एक बड़े सर्वेक्षण में यह तथ्य सामने आया कि भगवान् (गॉड) में विश्वास करनेवाले फ्रांसीसी नागरिक लगभग 27 प्रतिशत थे, जबकि जीवन शक्ति या

आत्मा में विश्वास करनेवाले नागरिकों की संख्या लगभग 33 प्रतिशत थी। जो लोग किसी जीवन शक्ति, ईश्वर या आत्मा में विश्वास नहीं करते, वे लगभग 40 प्रतिशत थे। इस तरह आप फ्रांस को नास्तिक देश भी कह सकते हैं।

फ्रांस में धर्म की स्वतंत्रता की गारंटी है। फ्रांसीसी सरकार को धार्मिक प्रथा में हस्तक्षेप करने का अधिकार नहीं है। फ्रांस ने एक धर्मनिरपेक्ष सार्वजनिक क्षेत्र के रूप में अपनी पहचान बनाई है। यदा-कदा यहाँ धार्मिक समूहों के बीच हुए हिंसक संघर्षों के कारण पुराना कैथोलिक फ्रांस एक धर्मनिरपेक्ष राज्य बन गया। 1800 के दशक में राज्य ने कैथोलिक चर्च के साथ संबंध तोड़ लिए।

मानवाधिकारों के लिए अमेरिका से होड़

विश्व की पाँच महाशक्तियों में शुमार फ्रांस विकास की प्रतिस्पर्धा में आगे बढ़ने के साथ-साथ अब मानवाधिकारों के लिए एक बेंचमार्क देश के रूप में भी अपनी पहचान बनाने को आतुर है। आज जो साख दुनिया में अमेरिका की है, उसे फ्रांस हासिल करना चाहता है। फ्रांस और अमेरिका दोनों राष्ट्र प्रबुद्धता के उत्पाद हैं और प्रत्येक राष्ट्र खुद को एक प्रकाश-स्तंभ के रूप में देखता है। दोनों में चर्च और राज्य का स्पष्ट अलगाव शामिल है। मानवाधिकारों से लेकर आर्थिकी और विज्ञान के क्षेत्र में फ्रांस आज अमेरिका की टक्कर में खड़ा है।

फ्रांस और संयुक्त राज्य अमेरिका में इरादे समान दिखते हैं। वैश्विक नेतृत्व के लिए दोनों राष्ट्र जोर लगाए हुए हैं। मानवाधिकार व विकास दोनों का प्रमुख एजेंडा है। इसीलिए संयुक्त राज्य अमेरिका ने धर्म की स्वतंत्रता की गारंटी देते हुए, जहाँ धर्म को राज्य की भागीदारी से बचाने की पहल की है, उसी तरह फ्रांस ने धर्म की स्वतंत्रता की गारंटी देते हुए राज्य को धार्मिक भागीदारी से बचाने की अपनी मंशा साफ कर दी है। लगभग 60 प्रतिशत से अधिक फ्रांसीसी लोग रोमन आज यहाँ कैथोलिक चर्च से संबंधित हैं, लेकिन राज्य की नजर में सारे धर्म समान हैं।

आपसी भाईचारा दरशाता फ्रांस में वहाई धर्म सम्मेलन

रूढ़ीवाद के खिलाफ खड़ा फ्रांस

पेरिस में स्वामी नारायण मंदिर का भूमि पूजन कार्यक्रम

आज फ्रांस में कट्टरपन व पिछड़ेपन से छुटकारा पाने का रास्ता साफ कर दिया गया है। साथ ही सर्व-धर्म समभाव पर जोर दिया गया है। फ्रांस में

वर्तमान में यहूदी धर्म के सात लाख से अधिक अनुयायी हैं, जो ग्रेटर पेरिस, मार्सिले, अलसैस और बड़े पूर्वी शहरों में केंद्रित हैं। धार्मिक समूहों के अलावा स्वतंत्र विचारकों के कई समाज भी हैं, जिनमें से सबसे प्रसिद्ध फ्रांसीसी चिनाई है। बड़ी संख्या में, विशेष रूप से श्रमिक वर्ग और युवा आबादी के बीच भी कोई धार्मिक विश्वास की कट्टरता नहीं है। 21वीं सदी की शुरुआत में सरकार ने कई उपायों को मंजूरी दी, जो एक धर्मनिरपेक्ष राज्य होने के लिए फ्रांस के समर्पण को दरशाता है।

इसके साथ ही अतिवाद व रूढ़ परंपराओं से भी समाज को छुटकारा दिलाने की पहल की गई है। खासकर सरकार ने सरकारी स्कूलों में मुसलिम बच्चियों के सिर पर स्कार्फ और अन्य धार्मिक प्रतीकों पर प्रतिबंध लगा दिया है। 2010 में पारित अतिरिक्त विवादास्पद कानून ने सार्वजनिक स्थानों पर चेहरे को छुपानेवाले कपड़ों पर भी रोक लगा दी, यानी एक महिला के चेहरे को पूरी तरह से ढकनेवाले घूँघट को भी प्रतिबंधित कर दिया गया है।

फ्रांस में हिंदुओं की आस्था का प्रतीक एक मंदिर

भारतीय भी फ्रांस का अहम हिस्सा

यों तो पूरे यूरोप में भारतीयों की भागीदारी है, पर फ्रांस में भारतीय प्रभाव प्राचीनकाल से ही उल्लेखनीय रूप में रहा है। पूर्व में वैदिक धर्म के कई

साक्ष्य आज भी मिलते हैं। शेष यूरोप की तरह फ्रांस में भी कभी सनातन धर्म, विशेष रूप से वैष्णववाद का पालन होता था, जिसका पालन इटली और ग्रीस के शासकों तथा समाज द्वारा भी किया जाता था। पोम्पी द ग्रेट की पेंटिंग पर माथे पर वैष्णवी चिह्न (वी आकार का तिलक) पाया गया है। यह दरशाता है कि प्राचीन काल में रोमन लोग वही करते थे, जिसे वर्तमान समय में हिंदू धर्म कहा जाता है।

धार्मिक जुलूस के रूप में हिंदू धर्मावलंबी

फ्रांस में हिंदू धर्म एक अल्पसंख्यक धर्म है। इसका पालन फ्रांस में 1,21,312 से अधिक लोग करते हैं, जो देश की आबादी का लगभग 0.2 प्रतिशत हैं। फ्रांस में अधिकांश हिंदू मुख्य रूप से भारतीय डायस्पोरा से हैं, हालाँकि नेपाल, अफगानिस्तान, मॉरीशस और अन्य देशों से भी कई हिंदू हैं। यह यूनाइटेड किंगडम, इटली, नीदरलैंड और जर्मनी के बाद यूरोप में पाँचवाँ सबसे बड़ा है। 2006 में फ्रेंच फुटबॉल विश्व कप टीम के सदस्य विकाश धोरासू भारतीय डायस्पोरा से हैं। एलेन डेनियलो, एक फ्रांसीसी

इतिहासकार, बुद्धिजीवी, संगीतज्ञ, इंडोलॉजिस्ट और विख्यात पश्चिमी लोग शैव हिंदू धर्म में परिवर्तित हो गए। फ्रांसीसी लोग जो हिंदू थे या हिंदू धर्म से प्रभावित थे, उनमें विक्टर कजिन, एलेक्जेंड्रा डेविड-नील, पॉल गाउगिन, रेने गुएनोन, जूल्स मिशेलेट, मीरा रिचर्ड, रोमेन रोलैंड, सतप्रेम, पॉल वेरलाइन और वोल्टेयर शामिल हैं। रोमन सम्राटों ने भी हिंदू शाही शैली में अपने नामों के बाद 'देव' की उपाधि धारण की। फ्रांस में हिंदू समुदाय में कुछ लंबे समय के निवासी और कई हाल के आप्रवासी शामिल हैं, हालाँकि हिंदू धर्म जनसंख्या का एक बड़ा हिस्सा नहीं है, लेकिन यह तेजी से बढ़ रहा है; फ्रांस की वर्तमान हिंदू जनसंख्या 1,21,312 है। 1993 में अनुमानित 50,000 से ऊपर। यह यूनाइटेड किंगडम और नीदरलैंड के बाद यूरोप में तीसरा सबसे बड़ा धर्म है।

इसलाम धर्म का सम्मान ग्रंड मसजिद पेरिस

आज भी मुश्किलों के बावजूद मुसलिम समुदाय एक सुसंगत, एकात्मक 'समुदाय' माना जाता है। फ्रांसीसी राजनेता विभिन्न धार्मिक समुदायों को सक्रिय रूप से अदालत में पेश करते हैं, हालाँकि 1990 के दशक के मध्य तक लगभग 1.2 मिलियन मुसलिम मतदाता थे, फ्रांस

में अन्य मुसलमानों की विदेशी राष्ट्रीयता उनके साथ राज्य की बातचीत को जटिल बनाती है। इसके अलावा उपराष्ट्रीय समूहों की विशिष्ट पीड़ा या जरूरतों की पहचान करने के लिए फ्रांस की अनिच्छा का हाल ही में परीक्षण किया गया है। पिछली दो सरकारों ने भौतिक और आध्यात्मिक क्षति के लिए फ्रांस के यहूदी समुदायों को मुआवजा देने का फरमान जारी किया है।

धार्मिक, जनगणना के कोई आँकड़े नहीं

फ्रांस में किसी भी धर्म-संप्रदाय विशेष को राज्य से कोई भी विशेषाधिकार प्राप्त नहीं हैं। यहाँ सारे धर्म बराबर हैं। इसलिए उन्हें अलग से चिह्नित भी नहीं किया जाता। दुनिया भर में आज मुसलिम समुदाय को अलग से देखने का नजरिया विकसित हुआ है, यहाँ आतंकी छिटपुट घटनाओं के बावजूद सद्भाव बना हुआ है। अनुमानित 50 लाख मुसलिम यहाँ रहते हैं। उनमें से एक बड़ा प्रतिशत दक्षिण-पूर्वी फ्रांस में मार्सिले, साथ ही पेरिस और ल्यों में रहता है।

सिखों की उपस्थिति दर्ज कराता गुरुद्वारा

प्रोटेस्टेंट, जिनकी संख्या सात लाख है, कई अलग-अलग संप्रदायों के हैं। वे अलसैस, उत्तरी जुरा, दक्षिण-पूर्वी मासिफ सेंट्रल और मध्य

अटलांटिक क्षेत्र में रहते हैं। यहूदी धर्म के सात लाख से अधिक अनुयायी हैं, जो ग्रेटर पेरिस, मार्सिले और अलसैस और बड़े पूर्वी शहरों में केंद्रित हैं। धार्मिक समूहों के अलावा, स्वतंत्र विचारकों के कई समाज भी हैं, जिनमें से सबसे प्रसिद्ध फ्रांसीसी चिनाई है, हालाँकि बड़ी संख्या में, विशेष रूप से श्रमिक वर्गों और युवा आबादी के बीच, कोई धार्मिक विश्वास नहीं है। 21वीं सदी की शुरुआत में सरकार ने कई उपायों को मंजूरी दी, जो एक धर्मनिरपेक्ष राज्य होने के लिए फ्रांस के समर्पण को दरशाता है, जिसे 'लैसिटे' के रूप में जाना जाता है। यह जानना मुश्किल है कि फ्रांस में विभिन्न राष्ट्रीयताओं वाले कितने मुसलमान रहते हैं, क्योंकि राज्य धार्मिक या जातीय जनगणना के आँकड़े एकत्र नहीं करता है।

तीसरा सबसे बड़ा यहूदी आबादी वाला देश

भारत की तरह ही फ्रांस भी सारे धर्म-संप्रदायों को अपने यहाँ सद्भाव और समानता के साथ सहेजे हुए है। इनमें ईसाइयों के साथ-साथ हिंदू, मुसलिम से लेकर यहूदी भी शामिल हैं। 1919 से पहले, अधिकांश फ्रांसीसी यहूदी पेरिस में रहते थे, जिनमें से कई को फ्रांसीसी संस्कृति में पूरी तरह से आत्मसात् होने पर बहुत गर्व था और उनमें एक अपस्केल उपसमूह शामिल था। एक अधिक पारंपरिक यहूदी धर्म अलसैस-लोरेन में आधारित था, जिसे 1871 में जर्मनी द्वारा लिया गया था और प्रथम विश्वयुद्ध के बाद 1918 में फ्रांस द्वारा पुनः प्राप्त किया गया था। फ्रांस में यूरोप में सबसे बड़ी यहूदी आबादी है और दुनिया में तीसरी सबसे बड़ी यहूदी आबादी (इजराइल और संयुक्त राज्य अमेरिका के बाद) है। फ्रांस में यहूदी समुदाय का अनुमान 4,80,000-5,00,000 की मुख्य आबादी से लेकर 6,00,000 की बढ़ी हुई आबादी तक है। 2009 में फ्रांस की सर्वोच्च अदालत, राज्य परिषद् ने एक सत्तारूढ़ मान्यता जारी की; फ्रांस में उदार यहूदी धर्म, जिसने अभी-अभी अपनी 100वीं वर्षगाँठ मनाई है, पहले से कहीं अधिक जीवंत है। फ्रांस के 14 आराधानालय शब्बत सेवाओं के लिए भरे हुए हैं, उच्च अवकाश

की माँग को समायोजित करने के लिए बड़े कन्सर्ट हॉल किराए पर लेते हैं और ऐसे लोकप्रिय धार्मिक स्कूल हैं कि परिवारों को साइन-अप करने के लिए लंबी लाइनों में इंतजार करना पड़ता है। देश का सबसे बड़ा और सबसे लोकप्रिय लिबरल समुदाय यूनियन लिबरेले इजराइली डी फ्रांस (यू.एल.आई.एफ.) है।

□

5

पर्यटन का सिरमौर फ्रांस

दुनिया में सर्वाधिक पर्यटकों को आकर्षित करनेवाला देश है फ्रांस। प्राकृतिक सुंदरता के अलावा यहाँ पर्यटन विकसित करने को तमाम स्थल विकसित किए गए हैं, ग्रामीण पर्यटन भी यहाँ की पहचान है। आँकड़े बताते हैं, 2018 में यहाँ कुल 89.4 मिलियन आगंतुकों के साथ फ्रांस में पर्यटन सार्वकालिक उच्च स्तर पर है और 2021 के लिए 100 मिलियन पर्यटकों का लक्ष्य था, जो कोविड-19 महामारी के साथ असंभव हो गया। अकेले पेरिस में 2018 में 40 मिलियन से अधिक आगंतुक थे, जिसमें 15 मिलियन यूरोडिज्नी का दौरा करते थे, जो सबसे लोकप्रिय आकर्षण था। 7 मिलियन ने एफिल टावर का दौरा किया और 8 मिलियन पर्यटकों ने लौवर का दौरा किया।

फ्रांस में पर्यटकों को आकर्षित करती विविध गतिविधियाँ

इसमें कोई आश्चर्य की बात नहीं है कि फ्रांस दुनिया का सबसे अधिक दौरा किया जानेवाला देश है और 2016 में यात्रा और पर्यटन उद्योग ने फ्रांसीसी अर्थव्यवस्था में 198.3 बिलियन यूरो का योगदान दिया। प्रत्यक्ष और अप्रत्यक्ष रूप से 2.8 मिलियन नौकरियों का सृजन किया। फ्रांस में यूनेस्को की विश्व धरोहर सूची में अंकित 37 साइटें हैं और इसमें उच्च सांस्कृतिक रुचि के शहर या स्थल हैं (पेरिस सबसे प्रमुख है, लेकिन लॉयर वैली, टूलूज, स्ट्रासबर्ग, बोर्डो, ल्यों और अन्य), समुद्र तट और समुद्र तटीय सैरगाह, स्की रिसॉर्ट, साथ-ही-साथ ग्रामीण क्षेत्र जो विश्व भर के पर्यटकों को अपनी सुंदरता और हरित पर्यटन के लिए आकर्षित करते हैं।

क्योंसरेगेरिए पेरिस का मुख्य आकर्षण

एफिल टावर फ्रांस की पहचान

गुणवत्ता विरासत के छोटे और सुरम्य फ्रांसीसी गाँवों (जैसे कोलोंगेस-ला-रूज, लोक्रोनन या मोंटसोरो) को एसोसिएशन लेस प्लस बीक्स विलेज डी फ्रांस (शाब्दिक रूप से फ्रांस के सबसे खूबसूरत गाँव) के माध्यम

से बढ़ावा दिया जाता है। इसका उद्देश्य उल्लेखनीय उद्यानों और पार्कों की रक्षा करना और उन्हें बढ़ावा देना है, ताकि पर्यटन भी बढ़े। वास्तव में अतिरिक्त पर्यटकों के लिए महत्त्वपूर्ण संभावनाएँ हैं, विशेष रूप से एक तिहाई फ्रांसीसी नागरिक छुट्टियाँ नहीं लेते हैं, जबकि घरेलू पर्यटन की दो-तिहाई माँग निवासियों द्वारा उत्पन्न हुई है। पर्यटन फ्रांस के आर्थिक विकास में योगदान देता है, अब हरित पर्यटन के विकास की ओर अग्रसर है।

एफिल टावर फ्रांस की पहचान

लॉवरे पेरिस लाखों लोगों के आकर्षण का केंद्र

मुख्य पर्यटक व्यय परिवहन, आवास और खानपान पर है। आवास के संबंध में 2016 में इस क्षेत्र ने खानपान के साथ मिलकर 96 अरब यूरो से अधिक का कारोबार किया। इस प्रकार फ्रांस में पर्यटन क्षेत्र का देश की अर्थव्यवस्था पर एक निर्विवाद सकारात्मक प्रभाव पड़ता है, लेकिन जैसा कि हर जगह पर्यटन विकसित होता है, इन लाभों में वास्तविक नुकसान जोड़े जाते हैं और न केवल आर्थिक, बल्कि सामाजिक और पर्यावरणीय कई चुनौतियाँ दिखाई देती हैं।

दुनिया का सबसे मोहक शहर पेरिस

फ्रांस की राजधानी संभवतः दुनिया का सबसे मोहक शहर है, इसके विशाल चौराहों की भव्यता और विपुल वास्तुकला केवल इसके परिवेश और मध्ययुगीन सड़कों की सुंदरता से मेल खाती है। हर साल लाखों यात्री इसके दर्शनों के लिए जुटते हैं, इस महानगरीय कृति के माध्यम से पृथ्वी पर कुछ बेहतरीन भोजन, खरीदारी और घूमने योग्य दर्शनीय स्थलों की तलाश में भटकते हैं, लेकिन जहाँ सिटी ऑफ लाइट सबसे ज्यादा चमकता है, वह सांस्कृतिक क्षेत्र में है, जो ललित कला, संग्रहालयों, संगीत और परिष्कृत सुखों से भरा हुआ है और जो इतिहास से सरगम को लेकर जीवंत समकालीन तक चलते हैं।

दुनिया का समृद्धतम कला संग्रहालय लू-वृ म्यूजियम

लू-वृ संग्रहालय दुनिया के सबसे धनी और सबसे पुराने कला के भंडारों में से एक है। आई.एम. पेई के प्रसिद्ध काँच के पिरामिड संग्रहालय जानेवालों को दीर्घाओं के एक गुफाओं के नेटवर्क में ले जाते हैं, जिसमें 35,000 से अधिक कलाकृतियाँ हैं, जो पुरातनता से लेकर 19वीं शताब्दी के मध्य तक हैं। सबसे बड़े ड्रॉ ग्रंड डेम्स की तिकड़ी हैं—वीनस डी मिलो, द विंग्ड विक्ट्री ऑफ समोथेस और मोना लिसा।

मोंटोर्गेउइल पेरिस का प्रसिद्ध बाजारब

कभी पेरिस में कोबब्लस्टोन का सबसे ग्लैमरस खिंचाव, शहर का सबसे प्रसिद्ध एवेन्यू, चौंप्स-एलिसीज, अब सभी स्वादों को भी पूरा करता है, जिसमें दुकानों और कैफे के एक उदार मिश्रण के साथ इसके फुटपाथ हैं। यह एक धमनी के रूप में भी जाना जाता है, शहर के कुछ सांस्कृतिक तंत्रिका केंद्रों में कार और पैदल यातायात से जाए, उनमें से ग्रंड और पेटिट पैलेस, जो विभिन्न शो और प्रदर्शनियों की मेजबानी करते हैं। 800 साल पुराने नोट्रे डेम कैथेड्रल में कला और वास्तुकला के केंद्र के रूप में पेरिस के अतीत में गहराई से गोता लगाएँ, जिसका गार्गायल सजाया हुआ मुखौटा कई लोगों द्वारा फ्रेंच गोथिक शैली के बेहतरीन उदाहरणों में से एक माना जाता है, लेकिन शायद इसकी सबसे प्रेरक विशेषताएँ इसके जटिल नक्काशीदार पोर्टलों के पीछे हैं। कैथेड्रल का इंटीरियर, हवादार मेहराबों, पतले खंभों और काल्पनिक खिड़कियों से भरा हुआ है, जो पत्थर और सना हुआ ग्लास में स्वर्ग का दृश्य प्रस्तुत करता है।

मध्ययुगीन चर्च जानेवालों में दैवीय भावना जगाने के लिए डिजाइन किया गया, यह अभी भी आधुनिक दर्शकों को विस्मय की स्थिति में लाने की शक्ति रखता है।

मुसी डी ओरसे संग्रहालय पेरिस

पहली बार एफिल टावर की झलक देखनेवालों को भी अचंभित करने के लिए जाना जाता है। 1889 में पहली बार बनाए जाने पर आँखों की रोशनी के रूप में बदनाम, लोहे का यह शिखर पेरिस के परिभाषित मील के पत्थर के रूप में गौरवान्वित है। आगंतुक इसके 906-फुट के अवलोकन डेक पर व्यापक पैनोरमा का स्वाद लेने के लिए लिफ्ट की सवारी कर सकते हैं, लेकिन टावर के सबसे बड़े आश्चर्य की दूर से ही सराहना की जाती है। प्रत्येक शाम, हर घंटे पाँच मिनट के लिए, टावर चमकता है। सफेद गुंबद वाले सैक्रे कोयूर बेसिलिका द्वारा ताज पहनाया गया, मोंटमार्टे एक बोहेमियन अनुभव को बरकरार रखता है, जो अपने सुनहरे दिनों में वापस आ जाता है। 19वीं और 20वीं सदी की शुरुआत में, यह पवनचक्की वाला इलाका गुनगुनाता सांस्कृतिक केंद्र था, जहाँ वैन गॉग, पिकासो, रेनॉयर और हेनरी डी टूलूज-लॉट्रेक जैसे विविध चित्रकार रहते थे।

पेरिस पृथ्वी पर सबसे अधिक देखा जानेवाला शहर है, जो दुनिया का पसंदीदा यात्रा गंतव्य है, लेकिन क्या आपने कभी सोचा है कि पेरिस वहाँ तक क्यों और कैसे पहुँचा ? शहर का लंबा और समृद्ध इतिहास, संग्रहालय

और सबकुछ है, लेकिन इस्तांबुल, काहिरा, यरुशलम में लंबे तथा उससे भी अधिक विविध इतिहास हैं और प्राचीन सामग्री से भरे संग्रहालय भी हैं। सेनेओ द्वारा नोट्रेडेम कैथेड्रल बेहतरीन है। पेरिस में बड़ी संख्या में खूबसूरत इमारतें हैं।

अचंभित कर देती कलाकृति वाला नोट्रे डैम कैथेड्रल

मैंने सुना, लेकिन पेरिस भी एक ऐसी जगह है, जहाँ कई अलग-अलग संस्कृतियाँ दिलचस्प और आकर्षक तरीकों से मिलती हैं। लालित्य, ग्लैमर और परिष्कार के लिए पेरिस का बाजार पर एकाधिकार है; लोग उसी कारण से पेरिस जाना चाहते हैं कि वे महँगे विज्ञापित कोलोन खरीदना चाहते हैं। पेरिस ने इस छवि को अच्छे जीवन के लिए वैश्विक राजधानी के रूप में हासिल करने का प्रबंधन कैसे किया; सुरुचिपूर्ण कपड़े और भाषण, कलात्मक उत्कृष्टता और परिष्कृत स्वाद के लिए? यह यात्रा-स्थलों के बीच एक लक्जरी ब्रांड में कैसे बदल गया?

बहुत से लोग शायद मानते हैं कि इस ब्रांड को बनाने में कई शताब्दियाँ लगीं, लेकिन यह केवल आंशिक रूप से सच है और पूरी तरह से भ्रामक है। सुरुचिपूर्ण परिष्कार के लिए वैश्विक राजधानी के रूप में पेरिस की

वर्तमान स्थिति, वास्तव में हाल ही में पुरानी है और द्वितीय विश्वयुद्ध के तुरंत बाद की अवधि की है, जब दुनिया के अधिकांश हिस्से खँडहर बने पड़े थे—पेरिस केवल एकमात्र उम्मीदवार था। कई मायनों में, लगभग शाब्दिक रूप से, यह आखिरी शहर खड़ा था। TrocaderoTony Judt द्वारा एफिल टावर 'पोस्टवार' में लिखता है; द्वितीय विश्वयुद्ध के बाद के वर्षों में एक उचित यूरोपीय बौद्धिक जीवन के लिए केवल एक ही स्थान हो सकता है; केवल एक शहर, एक राष्ट्रीय राजधानी, जिसका जुनून और विभाजन दोनों महाद्वीप की सांस्कृतिक स्थिति को प्रतिबिंबित और परिभाषित कर सकते हैं। इसके प्रतिस्पर्धियों को कैद कर लिया गया था, खुद को नष्ट कर लिया था या संकीर्ण रूप से अवशोषित कर लिया गया था। 1920 के दशक के बाद से एक के बाद एक यूरोपीय राज्य तानाशाहों के अधीन हो गए, राजनीतिक शरणार्थी और अंतरराष्ट्रीय निर्वासित फ्रांस के लिए रवाना हो गए। कुछ युद्ध के दौरान बने रहे और प्रतिरोध में शामिल हो गए, कुछ लंदन, न्यूयॉर्क या लैटिन अमेरिका भाग गए थे, लेकिन लिबरेशन के बाद वापस लौट आएँगे। इसका परिणाम यह हुआ कि 1840 के दशक के बाद पहली बार फ्रांस एक बार फिर बुद्धिजीवीविहीन यूरोपीय घर बन गया, जो आधुनिक यूरोपीय विचारों और राजनीति के लिए एक समाशोधन गृह था। युद्ध के बाद का पेरिस का बौद्धिक जीवन इसलिए दोगुना सर्वदेशीय था; पूरे यूरोप के पुरुषों और महिलाओं ने इसमें हिस्सा लिया और यह एकमात्र यूरोपीय मंच था, जिस पर स्थानीय राय और विवादों को बढ़ाया गया तथा व्यापक, अंतरराष्ट्रीय दर्शकों तक पहुँचाया गया, इसलिए फ्रांसीसी संस्कृति एक बार फिर अंतरराष्ट्रीय ध्यान का केंद्र बन गई; फ्रांसीसी बुद्धिजीवियों ने उम्र के लिए प्रवक्ता के रूप में एक विशेष अंतरराष्ट्रीय महत्त्व हासिल कर लिया और फ्रांसीसी राजनीतिक तर्कों के कार्यकाल ने बड़े पैमाने पर दुनिया में वैचारिक किराए का प्रतीक बनाया। एक बार फिर—और आखिरी बार पेरिस यूरोप की राजधानी थी और एशिया के साथ अभी तक दृश्य पर नहीं है और अमेरिका अभी भी व्यापक दुनिया के साथ अपने जुड़ाव की सटीक

शर्तों के बारे में अनिश्चित है, इसका मतलब बहुत ज्यादा था; दुनिया की सांस्कृतिक राजधानी। फ्रांस तबाही से बच गया था।

उच्च संस्कृति का केंद्र

17वीं शताब्दी से फ्रांस को 'उच्च संस्कृति का केंद्र' माना जाता रहा है, जैसे फ्रांसीसी संस्कृति ने विश्व कला, संस्कृतियों और विज्ञान को आकार देने में महत्त्वपूर्ण भूमिका निभाई है। विशेष रूप से फ्रांस अंतरराष्ट्रीय स्तर पर अपने फैशन, व्यंजन, कला और सिनेमा के लिए पहचाना जाता है। फ्रांसीसी संस्कृति और परंपराओं को समझने से आपको अपनी पारिवारिक विरासत को बेहतर ढंग से समझने में मदद मिल सकती है, जैसे-जैसे ये प्रभाव विकसित हुए फ्रांस स्थानीय समुदायों और रीति-रिवाजों का एक कैनवास बन गया है। एक समुदाय के लिए जो सच है वह दूसरे के लिए सच नहीं हो सकता है। आज बढ़ती वैश्विक संस्कृति के बावजूद फ्रांस ने अपने छोटे समुदायों की संस्कृतियों को संरक्षित करने का प्रयास किया है। यदि आप फ्रेंच संस्कृति और समुदायों की पेचीदगियों के बारे में अधिक जानने में रुचि रखते हैं, तो आप पुस्तकों के अतिरिक्त बहुत सी फिल्मों से फ्रांसीसी संस्कृति और परंपराओं को समझने में मदद ले सकते हैं या यदि आप बहुत भाग्यशाली हैं, तो फ्रांसीसी ग्रामीण इलाकों की यात्रा करने से आपको प्रत्यक्ष अनुभव मिलेगा।

फ्रांस में मनोहारी पर्वतीय क्षेत्र

यहाँ आल्प्स (लेस आल्प्स), फ्रांस के पूर्व में स्विस, इतालवी सीमाओं पर सबसे ऊँची चोटी मोंट ब्लांक है, जिसकी ऊँचाई 4808 मीटर है। औवेर्गने, मासिफ सेंट्रल, मध्य फ्रांस में ज्वालामुखियों के अवशेषों के साथ स्थित है, सेवेन्स पहाड़ियाँ मासिफ के दक्षिणी भाग में हैं और मोंट लोजेरे के साथ 1,700 मीटर तक पहुँचती हैं। जुरा-मोरवन, बरगंडी में एक ग्रेनाइट क्षेत्र, जिसकी चोटियाँ 800 मीटर हैं। पाइरेनीस (लेस पाइरेनीस), फ्रांस के दक्षिण में और स्पेन के साथ सीमाएँ, अटलांटिक से भूमध्यसागर तक फैली

हुई हैं। 3,000 मीटर से अधिक की कई चोटियाँ है। वोसगेस जर्मन सीमा के पास पूर्वी फ्रांस में राइन घाटी के बाईं ओर हैं, पहाड़ों की चोटी ग्रंड बैलन के साथ 1424 मीटर तक पहुँचती है। कोर्सिका, द्वीप के पहाड़ 2000 मीटर से अधिक तक पहुँचते हैं।

नैसर्गिक सौंदर्य को अपने में समेटे फ्रेंच आल्प्स चोटियाँ

नैसर्गिक सौंदर्य समेटे फ्रेंच आल्प्स पर्वत-शृंखला

आल्प्स यूरोप की सबसे बड़ी पर्वत-शृंखला है, जो फ्रांस में 35,000 किमी. के सतह क्षेत्र के साथ लगभग 1,000 किमी. तक फैली हुई है। उत्तरी आल्प्स और दक्षिणी आल्प्स के बीच उल्लेखनीय अंतर के साथ आल्प्स यूरोप की कुछ सबसे ऊँची चोटियों को भी समेटे हुए है। उत्तर में पर्वत-शृंखला की सबसे प्रतीकात्मक चोटी मोंट ब्लॉक है, जो 4,810 मीटर की ऊँचाई पर स्थित है, जबकि दक्षिण में, हालाँकि कई चोटियाँ 4,000 मीटर की ऊँचाई तक पहुँचती हैं, जो समुद्र की ओर एक स्पष्ट प्रगति है।

देवदार के जंगल भी आकर्षण का केंद्र

वनस्पति के बारे में भी यही कहा जा सकता है। उत्तरी पहाड़ प्रूस और देवदार के सुंदर जंगलों का घर हैं, जबकि आगे दक्षिण की वनस्पति अधिक शुष्क है और लार्च, थाइम व लैवेंडर से बनी है। उत्तरी आल्प्स में तीन विभाग हाउते-सावोई, सावोई और आईसेरे हैं। यह क्षेत्र फ्रांस के प्रसिद्ध ऐतिहासिक स्की रिसॉर्ट जैसे शैमॉनिक्स और मेगेव का घर है, इसके साथ ही प्रमुख स्कीइंग क्षेत्र जैसे ट्रोइस वेलेस (कोर्टचेवेल, मेरिबेल, लेस मेन्यूयर्स) और पारादीस्की (लेस आर्क्स, ला प्लाग्ने, पेइसी-वलैंड्री) भी पर्यटकों में लोकप्रिय है।

आल्प्स लंबी पैदल यात्रा के भी आदर्श केंद्र

प्राकृतिक उद्यान व झीलों की लंबी श्रृंखला

फ्रेंच आल्प्स अपने प्राकृतिक पार्कों के माध्यम से लंबी पैदल यात्रा के लिए कई अवसर प्रदान करता है। कई संरक्षित प्रजातियों के लिए आवास के रूप में कार्य करने के अलावा पार्कों में झील एनेसी, ले बौर्गेट और जिनेवा

जैसी खूबसूरत झीलें भी हैं, जिनमें एवियन शहर है, जो अपने पानी के लिए प्रसिद्ध है, जो बाद के दृश्य को देखता है।

स्कीइंग, लंबी पैदल यात्रा, पर्वतारोहण, व्हाइट वाटर राफ्टिंग, पॉट-होलिंग, माउंटेन बाइकिंग, थर्मल बाथ और बहुत कुछ के अलावा आल्प्स अवकाश और बाहरी गतिविधियों की मेजबानी के लिए आदर्श गंतव्य हैं। कुल मिलाकर देखा जाए तो सांस्कृतिक विरासत और आधुनिकता का संगम फ्रांस फैशन, ब्रांडिंग, नवोन्मेष डिजाइन, कला का आदर्श मिश्रण प्रस्तुत करता है, जो हर तरह के पर्यटक को लुभाने में सक्षम है।

पश्चिमी सभ्यता व कला का बेजोड़ केंद्र

आलीशान महल, जो कभी शाही निवास था, में लौवर संग्रहालय ललित कला के शीर्ष यूरोपीय संग्रहों में शुमार है। पश्चिमी सभ्यता के कई सबसे प्रसिद्ध काम यहाँ पाए जाते हैं, जिनमें लियोनार्डो दा विंची द्वारा मोना लिसा, वेरोनीज द्वारा काना में वेडिंग फीस्ट और पहली शताब्दी-ईसा पूर्व वीनस डी. मिलो मूर्तिकला शामिल हैं। संग्रह का धन लौवर में रहनेवाले विभिन्न राजाओं के योगदान के कारण है। अन्य टुकड़े वेटिकन और वेनिस गणराज्य के साथ फ्रांस की संधियों के परिणामस्वरूप और नेपोलियन I की लूट से जोड़े गए थे। लौवर अनगिनत उत्कृष्ट कृतियों सहित लगभग 35,000 कलाकृतियों को प्रदर्शित करता है। यह सब एक दिन में या एक सप्ताह में भी देखना असंभव है।

शैटॉ डी. वर्साय एंसीन शासन के पतन से पहले फ्रांसीसी राजशाही की भव्यता का प्रतीक है। यह यूनेस्को-सूचीबद्ध स्मारक लुई XIV ('सन किंग' के रूप में जाना जाता है) के शासनकाल में फ्रांस के इतिहास के एक गौरवशाली क्षण का प्रतिनिधित्व करता है, जब महल ने यूरोप में रियासतों के लिए मानक निर्धारित किया था। 1661 में शुरू होकर लुई XIV ने अपने पिता के शिकार लॉज (एक छोटा सा महल) को एक भव्य शाही महल में बदल दिया। लुई XIV के दृष्टिकोण को साकार करने के लिए सम्मानित वास्तुकार लुई ले वाऊ ने लुई XIII के शैटॉ को एक सुरुचिपूर्ण नवशास्त्रीय तरीके से

पुनर्निर्मित किया। बाद में 17वीं शताब्दी में जूल्स हार्डाइन-मंसर्ट ने हॉल ऑफ मिरर्स सहित भव्य बैरोक आंतरिक सज्जा का निर्माण किया। महल का सबसे शानदार स्थान दर्पण का हॉल है, जहाँ दरबारियों ने महामहिम के साथ दर्शकों की प्रतीक्षा की। यह चमकदार गैलरी सूरज की रोशनी से चमकती है, जो खिड़कियों से प्रवेश करती है और सैकड़ों सजावटी दर्पणों से दिखाई देती है, जबकि दर्जनों चमकदार झूमर और सोने का पानी चढ़ा हुआ विवरण समग्र प्रभाव को और भी अद्भुत बनाता है।

ग्रामीण वास्तुकला भी दर्शनीय है

लेस जार्डिंस अपने उद्यानों और ग्रामीण परिवेश लिए भी प्रसिद्ध है, औपचारिक फ्रांसीसी उद्यान, जिसमें सजावटी पूल, पूरी तरह से छँटनी की गई झाड़ियाँ, कई मूर्तियाँ और शानदार फव्वारे हैं। उद्यान 17वीं शताब्दी में प्रसिद्ध परिदृश्य डिजाइनर आंद्रे ले नोट्रे द्वारा बनाए गए थे और 800 हेक्टेयर हरे भरे पार्कलैंड से घिरे हुए हैं। औपचारिक उद्यानों से परे डोमिन डी ट्रायोन है, जिसमें ले ग्रंड ट्रायोन महल शामिल है; ले पेटिट ट्रायोनॉन शैटॉय और ले हमेउ डे ला रेइन (द क्वीन्स हैमलेट), मैरी-एंटोइनेट का गढ़ा हुआ देहाती गाँव, जिसमें एक झील के चारों ओर विचित्र कॉटेज हैं। ग्रामीण वास्तुकला से प्रेरित इमारतें देखते ही बनती हैं, कुछ को तो बड़े कौशल से सुसज्जित किया गया है। मैरी-एंटोनेट के गाँव में मूल रूप से एक कामकाजी डेयरी और खेत हैं, जो उनके बच्चों के लिए शैक्षिक उद्देश्यों की पूर्ति भी करते हैं। इस रमणीय स्थान को मैरी-एंटोनेट के लिए अदालती जीवन की औपचारिकता से बचने, सैर करने और दोस्तों के साथ घूमने के लिए एक जगह के रूप में डिजाइन किया गया था। हैमलेट मैरी-एंटोनेट की निजी दुनिया की एक दुर्लभ झलक प्रदान करता है।

समुद्र तटीय सैरगाह भी बड़ा आकर्षक

फ्रांस में समुद्र तट का सबसे फैशनेबल खंड कोटे डी-जूर इटली के साथ सीमा के पास सेंट-ट्रोपेज से मेंटन तक फैला हुआ है। कोटे डीश्जूर

'कोस्ट ऑफ ब्लू' का अनुवाद करता है, जो भूमध्यसागरीय समुद्र के पानी का वर्णन करने के लिए एक उपयुक्त नाम है। अंग्रेजी बोलनेवालों के लिए इस ग्लैमरस समुद्र तटीय गंतव्य को फ्रेंच रिवेरा के रूप में जाना जाता है, ऐसे शब्द, जिनमें धूप में भीगने की एक अँगूठी होती है। गरमियों के दौरान समुद्र तटीय सैरगाह समुद्र तट-प्रेमियों और सूर्य-उपासकों से भरे होते हैं। अमीर और मशहूर भी यहाँ अपने भव्य विला और लक्जरी नौकाओं में पाए जाते हैं। नीस शहर में समुद्र के मनोरम दृश्य और तारकीय कला संग्रहालय हैं। कान अपने प्रसिद्ध फिल्म समारोह और प्रसिद्ध होटलों के लिए प्रसिद्ध है। सबसे अच्छे रेतीले समुद्र तट एंटिबेस में पाए जाते हैं, जिसमें एक वायुंडलीय ओल्ड टाउन और शानदार संग्रहालय भी हैं। सेंट-ट्रोपेज एक प्रोवेंसल मछली पकड़ने के गाँव के आकर्षण के साथ शानदार सार्वजनिक और निजी समुद्र तट प्रदान करता है, जबकि मोनाको अपने विशेष वातावरण और आश्चर्यजनक दृश्यों के साथ आकर्षित करता है।

मध्यकालीन वास्तकुला का चमत्कार

नॉरमैंडी तट से दूर एक चट्टानी टापू से नाटकीय रूप से उदित, यूनेस्को-सूचीबद्ध मोंट सेंट-मिशेल फ्रांस के सबसे आकर्षक स्थलों में से एक है। यह 'समुद्र का पिरामिड' एक रहस्यमय दृश्य है, जो खाड़ी से 80 मीटर ऊपर स्थित है और रक्षात्मक दीवारों तथा गढ़ों से घिरा हुआ है। मुख्य पर्यटक आकर्षण अब्बाय डू मोंट सेंट-मिशेल मध्यकालीन वास्तुकला का एक चमत्कार है, जिसमें गोथिक शिखर हैं। आगंतुक अभय चर्च की शांत सुंदरता से मंत्रमुग्ध हो जाते हैं, इसकी सामंजस्यपूर्ण रोमनस्क्यू नैव और अलंकृत उच्च-तिजोरी वाले गाना बजानेवालों के साथ। चूँकि यह 11वीं शताब्दी में बनाया गया था, एबी चर्च एक महत्त्वपूर्ण ईसाई तीर्थस्थल रहा है, जिसे 'द हेवनली जेरूसलम' के रूप में जाना जाता है। आधुनिक समय के तीर्थयात्री अभी भी मोंट सेंट-मिशेल से प्रेरित हैं और मध्य युग की तरह खाड़ी को पैदल पार करने की परंपरा को जारी रखते हैं।

परी-कथाओं को सार्थक करता परिवेश

घाटी के माध्यम से यात्रा करने से बच्चों की कहानी की पुस्तक में कदम रखने का आभास होता है। बुर्ज वाले परी-कथा महल घने जंगलों और धीरे-धीरे बहनेवाली नदियों के मोहक ग्रामीण इलाकों की शोभा बढ़ाते हैं। लॉयर घाटी का पूरा क्षेत्र, एक हरा-भरा क्षेत्र, जिसे 'गार्डन ऑफ फ्रांस' के रूप में जाना जाता है, को यूनेस्को की विश्व धरोहर स्थल के रूप में सूचीबद्ध किया गया है। लॉयर के कुछ महल मध्यकालीन किले हैं, जो पहाड़ी की चोटी पर बने हैं और प्राचीर से घिरे हैं, हालाँकि सबसे प्रसिद्ध लॉयर शैटेक्स शानदार पुनर्जागरण काल के महल हैं, जिन्हें पेरिस के बाहर अदालत के जीवन के विस्तार के रूप में पूरी तरह से आनंद और मनोरंजन के लिए डिजाइन किया गया था। किंग फ्रांसिस प्रथम के लिए बनाया गया शैटॉ डी. चंबर्ड सबसे शानदार शैटॉ है; चातेऊ डी. चेनोनसेउ की एक विशिष्ट त्रयी शैली है और शैटॉ डे चेवर्नी रमणीय परिवेश में एक नवशास्त्रीय शैली का मनोरम घर है। यह चार्टेस और बोर्जेस के साथ-साथ ऑरलियंस शहर में यूनेस्को-सूचीबद्ध कैथेड्रल दौरा करने लायक है।

फ्रांस के दर्शनीय स्थलों में एक नोरमेंडी समुद्र तट

कई जगहों पर यहाँ घाटियों में छोटे-छोटे गाँव बसे हुए हैं। कुछ चट्टानी जगहों पर भी बसे हुए हैं। जीवंत दृश्य तमाम कलाकारों को मंत्रमुग्ध करते आए हैं। इनमें सेजेन, मैटिस, चागल और पिकासो शामिल हैं। देहाती प्राकृतिक

सुंदरता, देश का आकर्षण और प्रोवेंस का शांत वातावरण इस क्षेत्र की कला डे. विवर (जीवन जीने की कला) को फलने-फूलने देता है। उमस भरा मौसम कोबब्लस्टोन सड़कों पर आराम से टहलने और कैफे की धूपवाली छतों पर बिताए दोपहर को प्रोत्साहित करता है। प्रोवेंस के कई आकर्षणों में इसका स्वादिष्ट भूमध्यसागरीय व्यंजन है, जो जैतून के तेल, सब्जियों और सुगंधित जड़ी-बूटियों पर आधारित है। पर्यटक परिवार द्वारा संचालित बित्रो से लेकर मिशेलिन-तारांकित गैस्ट्रोनॉमिक रेस्तराँ तक, पाक प्रतिष्ठानों की एक विस्तृत शृंखला में से चुन सकते हैं। सर्वोत्कृष्ट प्रोवेंसल शहर, ऐक्स-एन-प्रोवेंस अपने रंगीन खुले बाजारों और सैकड़ों फव्वारों के लिए प्रसिद्ध है, जो दक्षिणी फ्रांस के विशिष्ट आकर्षण हैं। आकर्षक प्राचीन खँडहर और पारंपरिक त्योहार आर्ल्स शहर को अलग करते हैं। मध्ययुगीन शहर एविग्नन यूनेस्को-सूचीबद्ध पालिस डी. पेप्स का घर है। यहाँ तक कि सेंट-पॉल-डी-वेंस, सेंट-रेमी और गॉर्डेस, जैसे छोटे गाँवों में भी अद्‌भुत ऐतिहासिक स्थल, शानदार संग्रहालय और एक अनूठा विचित्र माहौल है।

प्राचीनता को समेटे ऐतिहासिक स्थल

ब्रिटनी फ्रांस के उत्तर-पूर्वी तट पर स्थित एक खूबसूरत ऐतिहासिक क्षेत्र है। एक ऊबड़-खाबड़ समुद्र तट, मछली पकड़ने के विचित्र गाँव और अनुभवी बंदरगाह इस क्षेत्र की विशेषता है, जो प्राचीन परंपराओं में डूबा हुआ है और अपने धार्मिक त्योहारों के लिए प्रसिद्ध है। मिथकों और किंवदंतियों की एक रहस्यमय भूमि, ब्रिटनी में सेल्टिक प्रभाव और गेलिक से संबंधित एक बोली है। स्थानीय व्यंजन स्वादिष्ट हैं, जो अपने स्वादिष्ट एक प्रकार का अनाज क्रेप्स और मिठाई क्रेप्स के लिए सबसे अच्छी तरह से जाना जाता है। सर्वोत्कृष्ट ब्रेटन बंदरगाह प्राचीन दीवारों से घिरा सेंट-मालो है। क्विम्पर एक तस्वीर-पोस्टकार्ड ऐतिहासिक शहर है, जिसमें सुंदर आधा लकड़ी के घर, सुखद वर्ग और एक प्रभावशाली गोथिक कैथेड्रल है। नैनटेस में एक शानदार शैटॉ है और यह वह जगह है, जहाँ 1598 में प्रोटेस्टेंटों को धार्मिक विश्वास की

स्वतंत्रता प्रदान करते हुए नैनटेस के एडिक्ट पर हस्ताक्षर किए गए थे। ब्रिटनी के अन्य मुख्य आकर्षण प्राचीन रेतीले समुद्र तट, दूरदराज के छोटे द्वीप और प्राचीन महल हैं। ब्रेटन द्वीपों में सबसे बड़ा बेले-एले-एन-मेर, एक शांतिपूर्ण समुद्र तटीय सेटिंग की तलाश में पर्यटकों से अपील करता है। फेरी नौकाएँ क्विबेरॉन, पोर्ट नवालो और वेन्नेस से बेले-इले-एन-मेर तक चलती हैं।

मनोहारी व हवादार खूबसूरत समुद्री तट बिरिट्ज

नेपोलियन शाही जोड़े की याद दिलाता तट

फ्रांस का खूबसूरत समुद्री तट बिरिट्ज फ्रांस के बास्क देश में बिस्के की खूबसूरत खाड़ी पर एक फैशनेबल समुद्र तट वाह शहर है। यह प्रसिद्ध समुद्र तटीय सैरगाह अपनी सुंदरता और शानदार हवा है के लिए जाना जाता है। यह नेपोलियन तृतीय की पत्नी महारानी यूजनी का पसंदीदा स्थान था। शाही जोड़े का यहाँ भव्य शैली में निर्मित महल था, जिसे होटल में बदल दिया गया है। यह एक लक्जरी होटल है, जिसमें गैस्ट्रोनॉमिक रेस्तराँ और ग्रंडे प्लाज समुद्र तट के सनसनीखेज दृश्य हैं। यह बड़ा रेतीला समुद्र तट अपने व्यापक समुद्री तट के साथ, बेले एपोक के बाद से छुट्टियों में उच्च समाज को आकर्षित करता है।

दर्शनीय स्थल-नोर्मंडी समुद्र तट

Biarritz के अन्य दर्शनीय स्थल समुद्र से संबंधित है—प्रकाश-स्तंभ और रोचर डे ला विर्ज (वर्जिन ऑफ द रॉक) आकृति, जो अटलांटिक की जंगली लहरों द्वारा पीटे गए एक विशाल चट्टान पर समुद्र तट के साथ खड़ी है।

यूनेस्को की विरासत सूची में शामिल रोकामाडौर

रोकामाडौर एक अविस्मरणीय पवित्र स्थल

गाँव में सात प्राचीन अभयारण्य हैं, लेकिन तीर्थयात्री चौपल नोट्रे-डेम (चौपल मिराक्यूल्यूज) में आते हैं, जिसमें सम्मानित ब्लैक वर्जिन (नोट्रे-डेम डी रोकामाडॉर) है। इस कीमती वर्जिन मैरी की आकृति को अखरोट की लकड़ी से उकेरा गया था, जो सदियों से स्वाभाविक रूप से काला हो गया और चमत्कारों से जुड़ा हुआ है। 11वीं और 13वीं शताब्दी के बीच रोमनस्क्यू और गोथिक शैली में निर्मित रोकामाडॉर का सबसे बड़ा चर्च, यूनेस्को द्वारा सूचीबद्ध बेसिलिक सेंट-सौवेउर एक और देखने योग्य दृश्य है। एक चुनौतीपूर्ण आध्यात्मिक अनुभव के लिए तीर्थयात्री क्रॉस के 12

स्टेशनों के साथ सीढ़ियों की खड़ी चढ़ाई पर चढ़ सकते हैं, जो गाँव के उच्चतम बिंदु पर स्थित शैटॉ तक जाता है। लिमोजिन में लिमोज से लगभग 145 किमी. की दूरी पर रोकामाडॉर, पारक नेचुरल रीजनल डेस कॉसेस डू क्वेर्सी से घिरा हुआ है, जो दॉरदॉग्ने क्षेत्र का एक प्राकृतिक पार्क है। पर्यटक यहाँ लास्काक्स की प्रागैतिहासिक गुफा व पुरा पाषाण कालीन कला देखने खिंचे चले आते हैं। यह गुफा दुनिया में पुरापाषाण कला का बेहतरीन उदाहरण है। यह यूनेस्को-सूचीबद्ध साइट दॉरदॉग्ने क्षेत्र की वेजेरे घाटी में है, जो 1940 में खोजी गई।

ऐतिहासिक किले, बुर्जों व चारदीवारी वाली धरोहर कारकसोन

लास्कॉक्स गुफा

लास्कॉक्स गुफा में प्रागैतिहासिक चित्र हैं, लेकिन 1963 में इनकी क्षति को रोकने के लिए जनता के लिए इसे बंद कर दिया गया था। गुफा की एक प्रतिकृति वास्तविक गुफा से 200 मीटर की दूरी पर मोंटिग्नैक में पास के लास्कॉक्स II साइट पर बनाई गई, जिसे 1983 में खोला गया। Lascaux II, Lascaux गुफा और उसके चित्रों का एक कादार पुनरुत्पादन है। पुरापाषाण काल की कला को सावधानीपूर्वक पुनः निर्मित किया गया है, जिसमें प्रामाणिक गेरू रंग में पशु-चित्रों का हर विवरण शामिल है। Lascaux II प्रागैतिहासिक गुफा में दरशाए गए 90 प्रतिशत चित्रों का प्रतिनिधित्व करता है। Lascaux II की यात्रा के लिए पर्यटकों को निर्देशित भ्रमण अवश्य करना

चाहिए। 2016 में खोला गया स्लीक अल्ट्रा-मॉडर्न इंटरनेशनल सेंटर फॉर केव आर्ट (मोंटिग्नैक में भी) संग्रहालय के प्रदर्शन के साथ मूल लास्कॉक्स गुफा की एक पूरी प्रतिकृति (लास्कॉक्स IV) प्रस्तुत करता है, जो प्रागैतिहासिक कलाकृतियों के लिए संदर्भ प्रदान करता है। आभासी वास्तविकता प्रदर्शन और एक 3-डी फिल्म प्रागैतिहासिक काल को दिखाने में मदद करती है।

पुरा पाषाण कला की धरोहर लास्कॉक्स गुफा

Lascaux IV गुफा को देखने के लिए पर्यटकों को गाइडेड टूर पर जरूर जाना चाहिए। यात्रा का संग्रहालय भाग स्व-निर्देशित है। लास्कॉक्स प्रागैतिहासिक गुफा चित्रों की मुख्य विशेषताएँ सैले डेस टॉरेक्स (बैल का हॉल) हैं, जिसमें गेंडा और भालू और डायवर्टिक्यूल एक्सियल, बैल, गायों और घोड़ों के प्रभावशाली चित्र, के साथ एक संकीर्ण 30 मीटर लंबा हॉल है। प्रतिकृति गुफाओं की कला प्रतिकृतियाँ इतनी सटीक हैं कि आगंतुक मूल से अंतर नहीं बता पाएँगे।

पर्यटन के महत्त्व को पूरे विश्व में प्रदर्शित किया जाता है, परंतु पर्यटन को जिस तरह फ्रांस समझता है, उतना कोई और नहीं। पर्यटन से मेजबान समुदायों को मिलनेवाले आर्थिक लाभों से लेकर पर्यटन द्वारा स्वयं पर्यटकों

को मिलनेवाले आनंद तक, इस उद्योग को लकर फ्रांस ने पूरे विश्व के लिए नए मापदंड स्थापित किए हैं। पर्यटन के महत्त्व को दो दृष्टिकोणों से देखा जा सकता है; पर्यटन उद्योग और पर्यटक पर प्रभाव। फ्रांस पर्यटन से कई बिलियन डॉलर तो कमाता ही है, पर सच बात यह है कि फ्रांस हर आंगतुक का दिल जीत लेता है, जिसका कोई मोल नहीं है।

□

6

उत्कृष्ट शिक्षा का केंद्र फ्रांस

फ्रांस की शिक्षा नीति न केवल यूरोप में, बल्कि संपूर्ण विश्व में अपनी उत्कृष्टता के लिए जानी जाती है। प्रत्येक देश की शिक्षा प्रणाली दूसरे से भिन्न होती है और कई पहलू ऐसे हैं, जो फ्रांसीसी शिक्षा को सबसे आकर्षक बनाते हैं। फ्रांसीसी शिक्षा प्रणाली विशेष रूप से जटिलता के लिए जानी जाती है।

शोध, अनुसंधान में अग्रणी विश्वप्रसिद्ध 'पास्चर' संस्थान

यह विभिन्न श्रेणियों और प्रकार के डिप्लोमा और परीक्षाओं की बात करती है, जो रोजगार से जुड़ी है। फ्रांसीसी स्कूल सख्ती से अपने शैक्षिक

मानदंडों को अपनाकर बहुत अधिक पाठ्येतर गतिविधियाँ भी करते हैं, ताकि विद्यार्थी का समग्र विकास हो सके।

फ्रांस में एक स्कूल वर्ष को दोहराना बहुत आम है, यदि छात्र औसत ग्रेड प्राप्त नहीं करते हैं, जो उन्हें कक्षाओं को पास करने की आवश्यकता होती है। फ्रांसीसी शिक्षा प्रणाली में तीन चरण होते हैं; प्राथमिक शिक्षा, माध्यमिक शिक्षा और उच्च शिक्षा। प्राथमिक शिक्षा जबकि डे केयर और किंडरगार्टन अनिवार्य नहीं हैं, 6 साल की उम्र से सभी बच्चों को स्कूल में दाखिला लेना चाहिए।

शिक्षा के वैश्विक गंतव्य के रूप में उभरता फ्रांस

सामान्य शैक्षणिक धारा का समापन डिप्लोमा डु बैकालौरीएट जनरल में होता है। प्रौद्योगिकी-आधारित धारा छात्रों को डिप्लोमा डु बैकालौरीएट टेक्नोलॉजी अर्जित करती है और व्यावसायिक धारा स्नातक प्रोफेशनल की ओर ले जाती है। सभी तीन प्रकार के स्नातक छात्रों को विश्वविद्यालय के अध्ययन तक पहुँच प्रदान करते हैं। जो छात्र स्नातक परीक्षा में असफल हो जाते हैं, उन्हें प्रमाण-पत्र डी. फिन डीशएटयूड्स सेकेंडेयर जारी किया जाता है।

जो छात्र व्यावसायिक कार्यक्रमों में नामांकित हैं, वे सर्टिफिकेट डीशएप्टीटयूड प्रोफेशनल (सी.ए.पी.) और ब्रेवेट डीशएटयूड्स प्रोफेशनल्स (बी.ई.पी.) भी अर्जित कर सकते हैं, दोनों ही टर्मिनल डिग्री हैं, जिसका उद्देश्य छात्रों को उनके चुने हुए उद्योग में नौकरियों तक पहुँच प्रदान करना है।

स्नातक प्रोग्राम

फ्रांस-उत्कृष्ट प्री-स्कूल की प्रयोगशाला

स्नातक परीक्षा हर साल जून और सितंबर में आयोजित की जाती है। द बैकलौरिएट प्रोग्राम अकादमिक धारा तीन सांद्रता में आयोजित की जाती है; साहित्यिक (एल), आर्थिक, सामाजिक विज्ञान (ई.एस.) और वैज्ञानिक (एस.) छात्र अपने अध्ययन के अंतिम वर्ष के दौरान गणित, विज्ञान (जीवन और पृथ्वी विज्ञान या इंजीनियरिंग विज्ञान), भौतिकी और रसायन विज्ञान, दर्शन, भाषा, नागरिक विज्ञान, सामाजिक विज्ञान और शारीरिक शिक्षा के पाठ्यक्रम का अध्ययन करते हैं। साहित्यिक धारा में छात्र भाषा, इतिहास और भूगोल, कला और साहित्य पर अपने शोध पर ध्यान केंद्रित करते हैं। साइंस स्ट्रीम के छात्र विज्ञान और गणित पर अपने शोध पर ध्यान केंद्रित करते हैं, जबकि आर्थिक और सामाजिक विज्ञान स्ट्रीम के छात्र अर्थशात्र और

सामाजिक विज्ञान, इतिहास और भूगोल, गणित और भाषाओं पर ध्यान केंद्रित करते हैं। प्रौद्योगिकी धारा में औद्योगिक विज्ञान और प्रौद्योगिकी, प्रयोगशाला विज्ञान, स्वास्थ्य विज्ञान, होटल और पर्यटन, प्रबंधन, संगीत और नृत्य और पर्यावरण विज्ञान का अध्ययन किया जाता है।

व्यावसायिक धारा में बिक्री, लेखा, मोटर वाहन यांत्रिकी और ग्राफिक डिजाइन सहित कई अलग-अलग विशिष्टताओं में सांद्रता है।

फ्रेंच महाविद्यालय उत्कृष्ट एवं सस्ती शिक्षा के केंद्र

यह छात्रों को नौकरी के बाजार में प्रवेश करने के लिए तैयार करता है, लेकिन उच्च शिक्षा में प्रवेश भी प्रदान करता है। उच्च शिक्षा में प्रवेश स्नातक परीक्षा के आधार पर होता है। ग्रंड्स इकोल्स में पेश किए जानेवाले कुछ चुनिंदा उच्च शिक्षा कार्यक्रमों के लिए छात्रों को प्रवेश के लिए एक प्रतियोगी परीक्षा (संगठन) देने की आवश्यकता होती है। इस परीक्षा के लिए छात्र आमतौर पर विशेष उच्च विद्यालयों (लाइसिस) में प्रारंभिक अध्ययन के दो साल (कक्षाओं की तैयारी) को पूरा करते हैं। संस्थान और डिग्री—Brevet de Technicien Supérieur (BTS) उच्च तकनीशियन का प्रमाण-पत्र बी.टी.एस. शिक्षा मंत्रालय द्वारा प्रदान की जानेवाली दो साल की तकनीकी डिग्री है। बी.टी.एस. में प्रवेश प्रतिस्पर्धी है। बी.टी.एस. एक लीसी में प्रारंभिक अध्ययन के दो साल (120 ई.सी.टी.एस. क्रेडिट) पूरा करने और एक राष्ट्रीय परीक्षा

उत्तीर्ण करने के बाद अर्जित किया जाता है। जिन लोगों ने बी.टी.एस. अर्जित किया है, वे कार्यबल में आगे बढ़ सकते हैं या इंजीनियरिंग या व्यवसाय में स्नातक कार्यक्रमों में आगे के अध्ययन के लिए इसका उपयोग कर सकते हैं।

इंस्टीट्यूट यूनिवर्सिटीयर्स डी. टेक्नोलॉजी (आई.यू.टी.) (यूनिवर्सिटी इंस्टीट्यूट ऑफ टेक्नोलॉजी) दो साल के कार्यक्रम IUT में पेश किए जाते हैं, जो विश्वविद्यालयों से संबद्ध स्वतंत्र संस्थान हैं। इन कार्यक्रमों का समापन डिप्लोमा यूनिवर्सिटी डी. टेक्नोलॉजी (डी.यू.टी.) में होता है। IUT में प्रवेश प्रतिस्पर्धी है। यह डिग्री छात्रों को उनके अध्ययन के क्षेत्र में रोजगार के लिए तैयार करने के लिए डिजाइन की गई है, लेकिन विश्वविद्यालय डिग्री कार्यक्रमों तक भी पहुँच प्रदान करती है। फ्रांस के 83 सार्वजनिक विश्वविद्यालय हैं और 80 प्रतिशत तृतीयक छात्र आबादी इन संस्थानों में भाग लेती है, क्योंकि वे बहुत सुलभ, सस्ती हैं और अध्ययन के कई कार्यक्रमों की पेशकश करते हैं। बोलोग्ना प्रक्रिया सुधारों के तहत स्थापित एल.एम.डी. संरचना ने विश्वविद्यालयों में शिक्षा की तीन स्तरीय प्रणाली बनाई; स्नातक की डिग्री (लाइसेंस), मास्टर डिग्री (मास्टर) और डॉक्टरेट। डिप्लोमा डी. लाइसेंस कार्यक्रमों में प्रवेश राष्ट्रीय स्कूल छोड़ने के प्रमाण-पत्र के आधार पर होता है। लाइसेंस की डिग्री तीन साल के अध्ययन और 180 ई.सी.टी.एस. क्रेडिट के बाद जारी की जाती है। इस डिग्री का एक पेशेवर संस्करण भी है, जिसे बी.टी.एस. या डी.यू.टी. रखनेवाले छात्रों के लिए डिप्लोमा डी. लाइसेंस प्रोफेशनल कहा जाता है।

कार्यक्रम की अवधि एक वर्ष है। इसके लिए 60 ई.सी.टी.एस. क्रेडिट पूरा करने की आवश्यकता होती है। लाइसेंस के बाद छात्र स्नातक स्तर पर पढ़ाई जारी रख सकते हैं। दो साल के अध्ययन और 120 ई.सी.टी.एस. क्रेडिट के पूरा होने के बाद वे ग्रेड डी मास्टर कमाते हैं। मास्टर छात्रों को शिक्षा के तीसरे चक्र तक पहुँचने की अनुमति देता है। शिक्षा का तीसरा चक्र डॉक्टरेट की ओर जाता है। इसके लिए कम-से-कम तीन साल का अध्ययन और पूरा करने की आवश्यकता होती है।

ग्रेनोबल मैनेजमेंट इंस्टिट्यूट उत्कृष्ट मैनेजमेंट संस्थानों में एक

फ्रांसीसी शिक्षा प्रणाली में तीन चरण होते हैं—प्राथमिक शिक्षा, माध्यमिक शिक्षा और उच्च शिक्षा। अधिकांश फ्रांसीसी प्राथमिक और माध्यमिक विद्यालय, साथ-ही-साथ बड़ी संख्या में विश्वविद्यालय, सार्वजनिक संस्थान हैं, जिनमें अत्यधिक केंद्रीकृत प्रशासन है। किसी दिए गए ग्रेड के लिए प्राथमिक और माध्यमिक विद्यालयों के पाठ्यक्रम को सभी स्कूलों में मानकीकृत किया गया है।

प्राथमिक और माध्यमिक विद्यालयों के पाठ्यक्रम

फ्रांस में औपचारिक स्कूली शिक्षा तीन साल की उम्र से ही शुरू हो जाती है, जब कई बच्चे किंडरगार्डन (मातृ) में जाते हैं। डे केयर (प्री-माटरनेल) दो साल की उम्र से उपलब्ध है, जबकि पूर्व-मातृ और मातृ अनिवार्य नहीं हैं, सभी बच्चों को छह वर्ष की आयु तक स्कूल में नामांकित किया जाना चाहिए। प्राथमिक विद्यालय में लगभग छह वर्ष से लेकर ग्यारह वर्ष की आयु तक (अमेरिकी प्राथमिक विद्यालय के समान) पाँच वर्ष का अध्ययन शामिल है। प्राथमिक विद्यालय के बाद छात्र माध्यमिक स्तर में चले जाते हैं, जिसे दो चरणों में विभाजित किया जाता है। पहला चरण कॉलेज, ग्यारह से पंद्रह

वर्ष के छात्रों के लिए चार साल के अध्ययन से बना है (एक यूएस मिडिल स्कूल के समान)। इसके पूरा होने पर छात्रों को एक ब्रेवेट डेस कॉलेज प्राप्त होता है।

इकोले मैटरनेल (किंडरगार्टन) और क्रेच

किंडरगार्टन या प्री-स्कूल। Ecoles Maternelles 2 वर्ष से 6 वर्ष की आयु के विद्यार्थियों को लेते हैं और उन्हें प्राथमिक विद्यालय में प्रवेश के लिए तैयार करते हैं। फ्रेंच इकोले मेटर्नेल सिर्फ एक प्लेस्कूल से ज्यादा है; पाठ्यक्रम में पढ़ना और लिखना, अंकगणित, यहाँ तक कि कभी-कभी एक विदेशी भाषा, साथ ही कलात्मक और रचनात्मक गतिविधियाँ शामिल हैं। तीन वर्ग हैं—'लेस पेट्टिट्स', 'लेस मोयंस' और 'लेस ग्रंड्स'।

बचपन से सृजनात्मकता पर ध्यान शिक्षा का अहम हिस्सा

बचपन से सृजनात्मकता पर ध्यान

नर्सरी स्कूलों से पहले कई निजी और सार्वजनिक नर्सरी भी हैं, जिन्हें क्रेच कहा जाता है। ये डेकेयर सेंटर 2 महीने से 3 साल तक के बच्चों को तब तक रखते हैं, जब तक कि वे इकोल मैटरनेल में शामिल नहीं हो जाते।

विभिन्न प्रकार की सेवाएँ (नियमित या अस्थायी बाल देखभाल), आकार (10 से 60 बच्चों तक) और प्रबंधन (क्रेच माता-पिता की आवश्यकता होती है) प्रदान करनेवाले क्रेच (क्रेच कलेक्टिव्स, हाल्ट्स-गार्डरीज, माइक्रो-क्रेच, क्रेच पेरेंटेल्स, आदि) के प्रकार हैं। माता-पिता मदद करने के लिए फ्रांस में 11,000 से अधिक क्रेच हैं, लेकिन एक स्लॉट प्राप्त करना कठिन हो सकता है और सरकार द्वारा माताओं को सलाह दी जाती है कि वे गर्भवती होते ही एक स्लॉट की तलाश करें। अन्य विकल्प मौजूद हैं, Asitantes Maternelles 3 या 4 बच्चों को अपने घर पर रख सकते हैं। यह फ्रांसीसी राज्य द्वारा मान्यता प्राप्त है।

इकोले प्राइमरी या इकोले एलिमेंटेयर

प्राथमिक विद्यालय, ग्रेड स्कूल शुरू, पाँच कक्षाएँ, उम्र 6 से 11 वर्ष। फ्रांस में प्राथमिक स्कूल पाठ्यक्रम अन्य देशों के समान है और इसमें साक्षरता तथा संख्यात्मकता शामिल है, जिसमें फ्रेंच अंकगणित, लेकिन भूगोल और इतिहास, विदेशी भाषा, आमतौर पर अंग्रेजी और अधिक-से-अधिक बार कक्षाएँ शामिल हैं। 2008 तक स्कूल सप्ताह में सोमवार से शनिवार की सुबह लगता था, जिसमें बुधवार की छुट्टी थी। सितंबर 2008 से शनिवार की सुबह कोई और कक्षाएँ नहीं हैं। विद्यार्थियों की प्रति सप्ताह औसतन 28 घंटे की कक्षाएँ होती हैं। Ecole Primaire में पाँच वर्ग हैं, क्रम में, CP, CE1, CE2, CM1 और CM2 : CP, Cours preparatoire, प्रिपरेटरी क्लास है, CE का अर्थ है कोर्स एलिमेंटेयर—प्राथमिक वर्ग और CM कोर्स मोयेन, मिडिल क्लास है; कॉलेज के बाद छात्र माध्यमिक शिक्षा के अंतिम तीन वर्षों के लिए लीसी (हाई स्कूल) में भाग लेते हैं। छात्र तब स्नातक (बी.ए.सी.) योग्यता प्राप्त करने के लिए एक परीक्षा देते हैं। baccalauréat यूएस हाई स्कूल डिप्लोमा के बराबर है, लेकिन इसमें भिन्नता है कि इसके लिए प्रारंभिक अध्ययन की आवश्यकता होती है।

प्राथमिक शिक्षा, जबकि डे केयर और किंडरगार्डन अनिवार्य नहीं हैं, छह साल की उम्र से सभी बच्चों को स्कूल में दाखिला लेना चाहिए। प्राथमिक

विद्यालय में 6–11 वर्ष की आयु (अमेरिकी प्राथमिक विद्यालय के समान) से पाँच वर्ष का अध्ययन शामिल है। माध्यमिक शिक्षा प्राथमिक विद्यालय के बाद, छात्र माध्यमिक विद्यालय में जाते हैं, जो दो चरणों में विभाजित है; कॉलेज (मिडिल स्कूल), ग्यारह से पंद्रह वर्ष की आयु के छात्रों के लिए चार साल का अध्ययन है। इसके पूरा होने पर छात्रों को 'ब्रेवेट डेस कॉलेज' प्राप्त होता है।

फ्रांस-प्राथमिक विद्यालयों की उत्कृष्टता के लिए प्रसिद्ध

माध्यमिक शिक्षा के अंतिम तीन वर्षों के लिए लीसी (हाई स्कूल)। छात्र तब स्नातक (बी.ए.सी.) योग्यता (हाई स्कूल डिप्लोमा) प्राप्त करने के लिए एक परीक्षा देते हैं। उच्च शिक्षा हाई स्कूल के बाद छात्र या तो एक व्यावसायिक डिप्लोमा या एक अकादमिक डिप्लोमा चुनते हैं।

फ्रांस की शिक्षा : उद्योग जगत् के साथ बेहतरीन समन्वय

स्कूल उपरांत रोजगारपरक शिक्षा

व्यावसायिक डिप्लोमा : डी.यू.टी. (डिप्लोमा यूनिवर्सिटी डी टेक्नोलॉजी) और बी.टी.एस. (ब्रेवेट डी टेक्नीशियन सुपीरियर) दो साल की प्रौद्योगिकी-उन्मुख डिग्री है। बी.टी.एस. पाठ्यक्रम उच्च विद्यालयों द्वारा प्रदान किए जाते हैं, जबकि डी.यू.टी. विश्वविद्यालयों द्वारा प्रदान किए जाते हैं। एक

डी.यू.टी. या बी.टी.एस. के बाद अध्ययन का एक अतिरिक्त योग्यता वर्ष हो सकता है, जिससे 'लाइसेंस प्रोफेशनेल' हो सकता है।

फ्रांस-प्राथमिक विद्यालयों की उत्कृष्टता के लिए भी प्रसिद्ध है

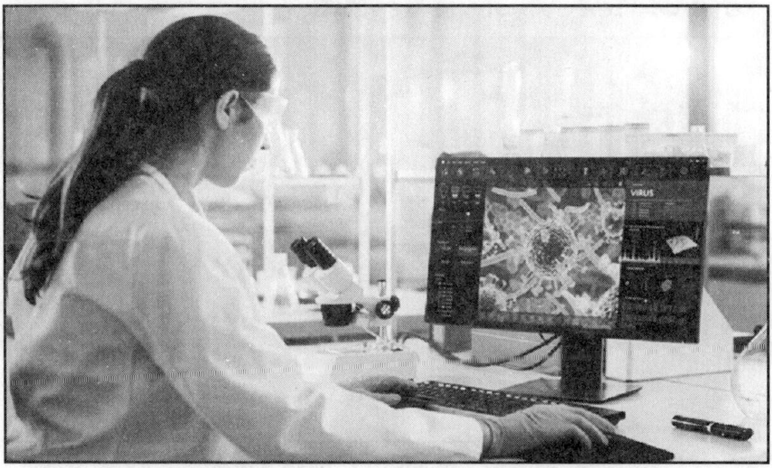

स्कूल उपरांत रोजगारपरक शिक्षा पर भी जोर

उच्च प्रौद्योगिकी युक्त फ्रांसीसी शिक्षा

शैक्षणिक डिप्लोमा : फ्रांस में तीन प्रकार के उच्च शिक्षा संस्थान है; विश्वविद्यालय, ग्रंड ईकोल्स और विशेष विद्यालय। विश्वविद्यालय सार्वजनिक

संस्थान हैं, जो किसी भी छात्र को अकादमिक, तकनीकी और पेशेवर डिग्री प्रदान करते हैं, जिन्होंने 'स्नातक' या इसके विदेशी समकक्ष प्राप्त किया है। विश्वविद्यालय के अध्ययन से कई क्षेत्रों में डिग्री प्राप्त होती है।

बच्चे उस वर्ष से प्राथमिक विद्यालय में जाते हैं, जिस वर्ष वे 6 वर्ष की आयु तक पहुँचते हैं। एक छोटे बच्चे का नामांकन करना संभव है, यदि स्कूल को लगता है कि बच्चा अनुभव से लाभ उठाने के लिए तैयार है और एक जगह उपलब्ध है।

स्कूल का सप्ताह 24 घंटे का होता है, जिसमें स्कूल द्वारा निर्धारित सप्ताह में 4 या 4.5 दिन में बाँटा जा सकता है। यह आमतौर पर स्वीकार किया जाता था कि फ्रांसीसी शिक्षा प्रणाली दुनिया में सर्वश्रेष्ठ थी। हालाँकि आज भी यह भी सच है कि फ्रांसीसी शिक्षा प्रणाली दुनिया में सबसे सफल में से एक है और कुछ क्षेत्रों में यह विश्व नेता बनी हुई है।

उद्योग की जरूरत के आधार पर शिक्षा

उद्योगों की जरूरत के आधार पर शिक्षा प्रणाली विकसित

जैसा कि पहले बताया गया है, फ्रांस में 6 से 16 साल की उम्र से शिक्षा अनिवार्य है, लेकिन अधिकांश बच्चे न्यूनतम उम्र से पहले ही स्कूल शुरू कर देते हैं, अकसर दो साल की उम्र में किसी-न-किसी तरह का डे केयर प्रारंभ हो जाता है।

18–21 साल के युवाओं में 50 प्रतिशत से अधिक बच्चे अभी भी स्कूल में हैं। पूर्णकालिक शिक्षा या फिर व्यावसायिक प्रशिक्षण पाठ्यक्रम के बाद। फ्रांस में सभी स्कूली विद्यार्थियों में से लगभग 64 प्रतिशत अपनी माध्यमिक शिक्षा पूरी करते हैं और हाई-स्कूल छोड़ने के प्रमाण-पत्र की परीक्षा देते हैं, जिसे baccalauréat या baccalauréat प्रोफेशनल के रूप में जाना जाता है।

ग्रंडेस इकोलेस 'ग्रंडेस इकोल्स' चुनिंदा सार्वजनिक और निजी संस्थान हैं। वे विश्वविद्यालयों के समान हैं, लेकिन आमतौर पर इंजीनियरिंग, व्यवसाय या सार्वजनिक प्रशासन जैसे विषयों में अध्ययन के अधिक विशिष्ट तीन साल के पाठ्यक्रम की पेशकश करते हैं। छात्रों को एक प्रतियोगी परीक्षा में उनके अंकों के आधार पर ग्रंड्स इकोल्स में प्रवेश दिया जाता है। इस परीक्षा को देने से पहले छात्रों ने 'स्नातकोत्तर' प्राप्त किया होगा और उन्होंने अकसर दो साल का प्रारंभिक पाठ्यक्रम (कोर्स तैयारी या तैयारी) लिया होगा। छात्र ग्रंड इकोले से मास्टर डिग्री (मास्टर) के साथ स्नातक हैं। विशिष्ट विद्यालय विशिष्ट स्कूल सार्वजनिक या निजी संस्थान हैं, जो छात्रों को कला, वास्तुकला, सामाजिक कार्य या पर्यटन जैसे विशिष्ट क्षेत्रों में पेशेवर कॅरियर के लिए प्रशिक्षित करते हैं। वे लाइसेंस और मास्टर डिग्री प्रदान करते हैं। एल.एम.डी. फ्रेमवर्क एल.डी.एम. ढाँचा लाइसेंस, मास्टर, डॉक्टरेट के लिए खड़ा किया गया है; लाइसेंस (स्नातक), यह अध्ययन का तीन साल का पाठ्यक्रम है, अंग्रेजी बोलनेवाले दुनिया में स्नातक की डिग्री के समकक्ष स्नातक की डिग्री है। यह मास्टर डिग्री के समकक्ष अध्ययन का दो साल का कोर्स है। मास्टर एक पेशेवर डिग्री (मास्टर प्रोफेशनल) हो सकता है।

कानून, व्यवसाय या इंजीनियरिंग या यह एक शोध डिग्री (मास्टर रीचर्चे) हो सकती है, जो डॉक्टरेट के काम की ओर ले जाती है। मास्टर डिग्री रखनेवाले छात्र डॉक्टरेट (डॉक्टरेट-डिग्री समकक्ष) के लिए अर्हता प्राप्त करने के लिए अतिरिक्त तीन साल का कोर्स वर्क पूरा कर सकते हैं। चिकित्सा में राज्य डिप्लोमा प्राप्त करनेवाले डॉक्टरों के लिए डॉक्टरेट अनिवार्य है।

एक फ्रांसीसी विश्वविद्यालय में नामांकन के लिए मानदंड यदि आप एक फ्रांसीसी विश्वविद्यालय में दाखिला लेना चाहते हैं, तो आपको आमतौर पर निम्नलिखित दस्तावेजों की आवश्यकता होगी; आई.डी. फोटो या ड्राइवर का लाइसेंस हाई स्कूल टेप (या प्रासंगिक समकक्ष) पासपोर्ट की कॉपी एक पासपोर्ट साइज फोटो वीसा सबूत है कि आप आर्थिक रूप से अपना समर्थन कर सकते हैं, जन्म प्रमाण-पत्र की प्रति आपके माता-पिता के जन्मस्थान का प्रमाणित अनुवाद यदि पूछा जाए) अंग्रेजी दक्षता परिणाम (टी.ओ.ई.एफ. एल., आई.ई.एल.टी.एस., डुओलिंगो आदि) आवेदन शुल्क (यदि पूछा जाए) विश्वविद्यालय के आधार पर कोई अन्य आवश्यक दस्तावेज फ्रेंच ट्यूशन फीस विश्वविद्यालय के आधार पर भिन्न होती है।

विश्वविद्यालय की ट्यूशन फीस

फ्रांस-मेडिकल शिक्षा का भी महत्त्वपूर्ण हब

यहाँ बताया गया है कि आपकी डिग्री के आधार पर आपको किसी फ्रेंच विश्वविद्यालय में ट्यूशन के लिए कितना भुगतान करना पड़ सकता है। स्नातक की डिग्री के लिए प्रतिवर्ष 2,770 यूरो, मास्टर डिग्री के लिए

प्रतिवर्ष 3,770 यूरो चुकाना पड़ता है। फ्रांस में स्नातक अध्ययन के लिए आवेदन, लागत और वित्त पोषण जैसा कि पहले उल्लेख किया गया है, कम ट्यूशन फीस के कारण फ्रांस अंतरराष्ट्रीय छात्रों के लिए अपेक्षाकृत किफायती विकल्प है। सार्वजनिक विश्वविद्यालयों में राष्ट्रीय स्तर पर फीस निर्धारित की जाती है। 2018-19 के लिए मास्टर कार्यक्रम के लिए वार्षिक शुल्क 243 (लगभग US$282) है, जबकि डॉक्टरेट कार्यक्रम की लागत 380 (US$441) है। निजी संस्थानों में फीस आमतौर पर अधिक होती है; कैंपस फ्रांस के अनुसार, विशिष्ट सीमा 3,000 और 10,000 प्रतिवर्ष (लगभग US$3,500-11,600) के बीच है।

अंतरराष्ट्रीय छात्रों के लिए उपलब्ध फंडिंग विकल्पों में यूरोपीय संघ के इरास्मस कार्यक्रम के माध्यम से अनुदान, फ्रांस के विदेश और यूरोपीय मामलों के मंत्रालय से अनुदान (मास्टर और पी-एच.डी. छात्रों के लिए एफिल छात्रवृत्ति सहित), व्यक्तिगत विश्वविद्यालयों से पुरस्कार और क्षेत्रीय परिषदों के माध्यम से प्रदान की जानेवाली फंडिंग आमतौर पर साझेदारी में शामिल हैं। सार्वजनिक अनुसंधान एजेंसियों, जैसे सेंटर नेशनल डे ला रीचेर्चे साइंटिफिक (सी.एन.आर.एस.) के साथ। फ्रांस में अध्ययन करने के लिए अधिक छात्रवृत्तियाँ मिल सकती हैं। डॉक्टरेट छात्र एक विपरीत डॉक्टरेट के लिए भी आवेदन कर सकते हैं, जिसका अर्थ है कि वे कानूनी रूप से विश्वविद्यालय के कर्मचारी बन जाते हैं, अनुसंधान और शिक्षण कार्य के बदले में नियमित वेतन प्राप्त करते हैं। यह लगभग 1,400 प्रतिमाह है और उन लोगों के लिए अधिक हो सकता है, जो अतिरिक्त कार्य करते हैं। आवेदन प्रक्रिया आपकी राष्ट्रीयता और आप जिस संस्थान एवं कार्यक्रम के लिए आवेदन कर रहे हैं, उसके आधार पर भिन्न होती है। कुछ देशों (कैंपस फ्रांस वेबसाइट पर सूचीबद्ध) के छात्रों को ऑनलाइन सी.ई.एफ. प्रक्रिया का उपयोग करके आवेदन करना आवश्यक है। इस प्रणाली के दायरे में नहीं आनेवाले देशों के छात्रों को सीधे प्रत्येक संस्थान पर आवेदन करना चाहिए।

जिस भाषा में कार्यक्रम पढ़ाया जाता है, उसके आधार पर, छात्रों को फ्रेंच या अंग्रेजी में प्रवीणता का प्रमाण प्रस्तुत करने के लिए कहा जा सकता है या तो प्रासंगिक भाषा में पहले की डिग्री पूरी करने के प्रमाण के माध्यम से या डी.ई.एल.एफ. जैसी भाषा परीक्षा देकर (DALF, IELTS;k TOEFL)। ग्रेडिंग फ्रांसीसी प्रणाली अपने छात्रों को ग्रेड देने के लिए 0–20 तक की संख्याओं का उपयोग करती है, जबकि अमेरिका में 'ए' से 'एफ' तक के अक्षरों का उपयोग किया जाता है।

योग प्रशिक्षण भी शिक्षा का एक विषय

उत्कृष्ट ग्रेडिंग सिस्टम के साथ शिक्षा का उत्कृष्ट केंद्र

फ्रेंच ग्रेडिंग सिस्टम 0–20 के पैमाने पर है। किसी विषय को पास करने के लिए आपको आमतौर पर 10 अंक प्राप्त करने होते हैं। एक छात्र को तब उत्तीर्ण माना जाता है, जब प्रत्येक शैक्षणिक वर्ष के अंत में उसके ग्रेड का औसत कम-से-कम 10 है। फ्रांसीसी विश्वविद्यालय माध्यमिक विद्यालयों की तुलना में सख्त तरीके से ग्रेड देते हैं, जिसका अर्थ है कि छात्रों को उतने उच्च ग्रेड प्राप्त करने की संभावना नहीं है, जितनी वे माध्यमिक विद्यालय में प्राप्त कर सके। अक्षर संख्याओं के अंतर के अलावा एक और बात यह है कि फ्रांसीसी ग्रेड पर 'उदार' नहीं हैं, क्योंकि अमेरिकी प्रणाली है। उदाहरण

के लिए यू.एस. में हम अकसर 'ए+' शब्दों का प्रयोग करते या छात्रों को यह बताने के लिए प्रोत्साहित करते हैं कि उन्होंने बहुत अच्छा काम किया है। वैसे फ्रेंच ग्रेडिंग सिस्टम में प्राप्त करना लगभग असंभव है। यदि आपको 16 अंक मिलते हैं तो यह उतना ही अच्छा है, जितना कि यह मिलनेवाला है, जैसा कि पहले उल्लेख किया गया है, अमेरिका में इसे एक बड़ी बात माना जाता है, यदि आपको पूरे स्कूल वर्ष को दोहराना है, लेकिन फ्रांसीसी प्रणाली में यह वास्तव में आम है।

उत्कृष्ट शिक्षा के साथ श्रेष्ठ हॉस्पिटेलिटी मैनेजमेंट संस्थान

फ्रेंच उत्कृष्टता के साथ श्रेष्ठ हॉस्पिटेलिटी मैनेजमेंट संस्थान

एक अंक 20 पूर्णता का प्रतीक है और वस्तुतः कभी नहीं दिया जाता है। 19 और 18 के अंक विरले ही दिए जाते हैं। विषय के आधार पर 16 एक उत्कृष्ट ग्रेड हो सकता है, लेकिन कुछ परिस्थितियों में 12 को भी एक उत्कृष्ट ग्रेड माना जा सकता है। शिक्षक-छात्र संबंध में फ्रांस में एक शिक्षक के साथ दोस्ती करना कोई बड़ी बात नहीं है, अर्थात् विद्यार्थी-गुरु के बीच संबंध काफी अच्छे होते हैं।

विद्यार्थियों का पसंदीदा इंटरनेशनल स्कूल, पेरिस

अमेरिका में छात्रों को एक शिक्षक के कार्यालय द्वारा उन्हें पाठ के बारे में एक प्रश्न पूछने या शिक्षकों को स्कूल क्लबों में शामिल करने और विभिन्न परियोजनाओं पर एक साथ सहयोग करने के लिए उपयोग किया जाता है, लेकिन फ्रांस में यह सख्ती से अकादमिक है। फ्रांस में शिक्षक प्रश्नों के लिए चर्चा अपने कार्यालयों 'रुकना' बिल्कुल पसंद नहीं करते हैं, वास्तव में उनके पास अमेरिकी शिक्षकों की तरह कार्यालय का समय नहीं है। वे सिर्फ सबक सिखाने आते हैं और चले जाते हैं। उनके पास एक जगह है, जहाँ शिक्षक इकट्ठा होते हैं, लेकिन छात्रों को वहाँ जाने की अनुमति नहीं है। फ्रांस में अंग्रेजी में अध्ययन करना कुछ अंतरराष्ट्रीय छात्र करते हैं, यदि वे अभी तक फ्रेंच बोलना नहीं जानते हैं, लेकिन वे सभी फ्रेंच चीजों का आनंद लेना चाहते हैं। विभिन्न पाठ्यक्रमों में से चुनने के लिए कई कार्यक्रम हैं, जिनमें से कुछ यूरोप और यहाँ तक कि दुनिया में शीर्ष कार्यक्रम हैं। अमेरिका या अन्य प्रमुख देशों की तुलना में कम ट्यूशन लागत के कारण फ्रांस भी एक अंतरराष्ट्रीय छात्र गंतव्य है। कुल मिलाकर देखा जाए तो फ्रांस शिक्षा का एक उत्कृष्ट एवं सस्ता विकल्प

प्रस्तुत करता है। जाहिर है, उच्च शिक्षाविदों के आसपास रहने का मौका, फ्रांसीसी संस्कृति का आनंद और शायद धाराप्रवाह फ्रेंच बोलने का मौका, बड़ी-बड़ी कंपनियों में नौकरी के अवसर फ्रांस को विद्यार्थियों का पसंदीदा देश बनाते हैं।

□

7

फ्रांस की अर्थव्यवस्था

फ्रांस एक उन्नत और औद्योगिक देश है। यूरोप में आज यह तीसरी सबसे बड़ी अर्थव्यवस्था है। 2.8 ट्रिलियन डॉलर के सकल घरेलू उत्पाद के साथ फ्रांस दुनिया की छठी सबसे बड़ी अर्थव्यवस्था है। 2008 की वित्तीय मंदी से उबरने के बाद, अर्थव्यवस्था वर्तमान में विकास को प्रदर्शित करती है।

फ्रांस ने पिछले साल पाँच दशकों में अपनी सबसे मजबूत वृद्धि दर्ज की है। कोविड-19 जैसे वैश्विक महासंकट में भी वह आज तेजी से निकलकर बाहर आया है। अर्थव्यवस्था में 7 प्रतिशत की गिरावट से उबरते हुए मजबूत उछाल ने जहाँ राष्ट्रपति इमैनुएल मैक्रॉन की आर्थिक साख बचाए रखने का काम किया, वहीं यूरोप की स्थिरता भी बरकरार रखी। मीडिया में भी अकसर देखा या सुना जाता रहा है कि फ्रांसीसी अर्थव्यवस्था अन्य आधुनिक अर्थव्यवस्थाओं से अपने संचालन में काफी अलग है। फ्रांस को कभी-कभी एक रूढ़ीवादी अर्थव्यवस्था के रूप में भी चित्रित किया जाता है, जहाँ श्रमिक लगातार हड़ताल पर होते हैं, व्यवसायों को सभी शक्तिशाली संघों के लिए बंधक बना लिया जाता है और मुक्त उद्यम लगभग असंभव है।

सौर ऊर्जा फ्रांस के प्रमुख उद्योगों में एक

ऊर्जा, विनिर्माण, पर्यटन, कृषि, प्रौद्योगिकी और परिवहन सहित कई उद्योग अर्थव्यवस्था में प्रमुख योगदानकर्ता हैं। फ्रांस में प्रमुख उद्योगों में

से एक ऊर्जा क्षेत्र है। फ्रांस की अग्रणी बिजली कंपनी, इलेक्ट्रिकाइट डी फ्रांस (ई.डी.एफ.) दुनिया की सबसे बड़ी कंपनी है। ऊर्जा उद्योग में एक और महत्त्वपूर्ण कंपनी एंजी है, जो कौरबेवोई, फ्रांस में स्थित है। एंजी प्राकृतिक गैस उत्पादन और वितरण, परमाणु ऊर्जा और बिजली वितरण आदि गतिविधियों की एक विस्तृत श्रृंखला में शामिल है। जुलाई 2015 में सोलायरडायरेक्ट का अधिग्रहण करने के बाद एंजी फ्रांस की सबसे बड़ी सौर ऊर्जा कंपनी बन गई। एक अन्य फ्रांसीसी कंपनी टोटल एस.ए. दुनिया की सबसे बड़ी तेल और गैस कंपनियों में से एक है। इस कंपनी का मुख्यालय पेरिस में है। यह रासायनिक निर्माण का कार्य भी करती है और दुनिया भर में अपने ऑपरेटिंग सर्विस स्टेशनों के माध्यम से हर जगह उपलब्ध है।

इलेक्ट्रिवाइट दुनिया की सबसे बड़ी बिजली कंपनी

अक्षय ऊर्जा में निहित है भविष्य

फ्रांस में ऊर्जा उत्पादन मुख्य रूप से परमाणु ऊर्जा पर आधारित है, जो देश की बिजली का 78 प्रतिशत हिस्सा है। परमाणु ऊर्जा पर बढ़ती निर्भरता फ्रांस को विकसित दुनिया में सबसे कम कार्बन डाइऑक्साइड उत्सर्जन स्तरों में से एक का दावा करने में सक्षम बनाती है। फ्रांस के ऊर्जा उद्योग का भविष्य अक्षय ऊर्जा में निहित है, खासकर जब से फ्रांसीसी नेशनल असेंबली ने जुलाई 2015 में एक कानून पारित किया, जिसके लिए वर्ष

2030 तक देश की 40 प्रतिशत बिजली अक्षय ऊर्जा स्रोतों से उत्पादित की जानी चाहिए। योजना एक महत्त्वाकांक्षी लक्ष्य है, यह देखते हुए कि वर्तमान में फ्रांस की बिजली का केवल 19.5 प्रतिशत नवीकरणीय स्रोतों से आता है। विनिर्माण और प्रौद्योगिकी विनिर्माण फ्रांस के सबसे बड़े उद्योगों में से एक है, जिसका देश के सकल घरेलू उत्पाद में अरबों डॉलर का योगदान है।

परमाणु ऊर्जा से अक्षय ऊर्जा की ओर बढ़ता फ्रांस

ऑटोमोबाइल निर्माता के रूप में भी अग्रणी फ्रांस

फ्रांस को दुनिया में चौथे सबसे बड़े ऑटोमोबाइल निर्माता के रूप में मान्यता प्राप्त है। यह दुनिया के दो सबसे बड़े ऑटोमोबाइल निर्माताओं का घर है—प्यूजो और रेनॉल्ट। फ्रांस अपने एयरोस्पेस क्षेत्र के लिए भी प्रसिद्ध है। एयरबस के क्षेत्र में इसका दबदबा बढ़ा है। यह दुनिया को अग्रणी विमान निर्माताओं में आ खड़ा हुआ है। प्रौद्योगिकी देश की अर्थव्यवस्था में एक और महत्त्वपूर्ण आर्थिक स्तंभ है। फ्रांस को दुनिया के सबसे तकनीकी रूप से उन्नत देशों में स्थान दिया गया है। देश में तकनीकी अनुसंधान और

नवाचार के लिए एक आदर्श वातावरण है। इस माहौल ने दुनिया की कुछ सबसे बड़ी प्रौद्योगिकी कंपनियों का विकास किया है।

जूरा वाइन, दुनिया की सबसे पसंदीदा वाइनों में एक

प्रमुख प्रौद्योगिकी कंपनियों के कार्यालय

विश्व के सर्वश्रेष्ठ कृषि उत्पादक देशों में शामिल है फ्रांस

सोफिया एंटिपोलिस, एक बड़ा प्रौद्योगिकी पार्क, फ्रांस का प्रमुख तकनीकी केंद्र है। बालबोन में स्थित प्रौद्योगिकी पार्क में कई प्रमुख प्रौद्योगिकी

कंपनियों के कार्यालय हैं। इसके अलावा सोफिया एंटिपोलिस ई.टी.एस.आई. (यूरोपीय दूरसंचार मानक संस्थान), स्केमा बिजनेस स्कूल और ई.आर. सी.आई.एम. (सूचना विज्ञान और गणित के लिए यूरोपीय अनुसंधान संघ) सहित कई अंतरराष्ट्रीय संस्थानों का भी घर है।

तकनीकी पार्क 1984 में स्थापित किया गया था और इसका नाम इसके संस्थापक 'सोफिया ग्लिकमैन–टौमार्किन' के नाम पर रखा गया था। परिवहन फ्रांस में अरबों का उद्योग है और यहाँ कई प्रमुख वैश्विक कंपनियाँ हैं। फ्रांस के पास दुनिया में सड़क और रेलवे का सबसे घना नेटवर्क है, जो देश के शहरों को आपस में जोड़ता है। यह अधिकांश एस.एन.सी.एफ. (फ्रेंच नेशनल रेलवे कॉरपोरेशन) के संचालन में है। फ्रांस के रेलवे परिवहन में सबसे बड़ी कंपनी एल्सटॉम है, जो सेंट–ओएन में स्थित है। इसका संचालन पूरी दुनिया में है और इसकी संपत्ति बिलियनों में है।

विश्व की श्रेष्ठ हवाई सेवा में शुमार फ्रांस की एयरलाइन

दुनिया की श्रेष्ठ हवाई सेवा में जानी जाती है, फ्रांस की एयरलाइन

पेरिस, मार्सिले और ल्योन के फ्रांसीसी शहरों में व्यापक मेट्रो सिस्टम हैं, जबकि रेनेस, लिली और टूलूज में हल्के मेट्रो सिस्टम हैं। देश भर में कुल 478 हवाई अड्डों के साथ फ्रांस में हवाई अड्डों की उच्चतम सांद्रता है। इसकी हवाई सेवा यूरोप में तो अग्रणी है ही, यह दुनिया की भी श्रेष्ठतम हवाई सेवाओं में एक है। देश का सबसे व्यस्त हवाई अड्डा पेरिस में चार्ल्स डी. गॉल हवाई अड्डा है, जो हर साल लगभग 60 मिलियन यात्रियों को रिकॉर्ड करता है, जिससे यह दुनिया का पाँचवाँ सबसे व्यस्त हवाई अड्डा बन गया है।

कौशल विकास पर पर्याप्त ध्यान

उत्कृष्ट उत्पाद के लिए कौशल विकास पर पर्याप्त ध्यान

फ्रांस पारंपरिक और अत्याधुनिक तकनीकों के समागम की प्रयोगशाला बन गया है। कभी यह यूरोप का अन्न-भंडार रही और आज खेती, पशुपालन के साथ-साथ विज्ञान की नई ऊँचाइयाँ छू रही है। यूरोपीय संघ की स्थापना के बाद से फ्रांस ने महाद्वीप पर कृषि उत्पादन में एक प्रमुख स्थान बनाए रखा है; हालाँकि 2010 के अंत में फ्रांसीसी कृषि को कठिन उपज और निर्यात बिक्री में गिरावट का सामना करना पड़ा है।

निरंतर समृद्ध होता डेरी व्यवसाय और उन्नत नस्ल का पशुधन इसकी पहचान है। पुराने महाद्वीप के अन्न-भंडार का उपनाम फ्रांस अपने इस कौशल को भी बनाए हुए हैं।

डेरी—उन्नत नस्ल का पशुधन फ्रांस की पहचान

एयर फ्रांस फ्रांसीसी राष्ट्रीय वाहक

एयर फ्रांस, फ्रांसीसी राष्ट्रीय वाहक की शान

एयर फ्रांस फ्रांसीसी राष्ट्रीय वाहक है और दुनिया के सभी छह महाद्वीपों पर 150 गंतव्यों के लिए उड़ान भरती है। 19वीं शताब्दी में औद्योगिक क्रांति से पहले फ्रांस में पारंपरिक रूप से कृषि प्राथमिक आर्थिक गतिविधि थी। फ्रांस को दुनिया में छठा सबसे बड़ा कृषि उत्पादन और यूरोपीय संघ में सबसे बड़ा माना जाता है। फ्रांस कृषि का दूसरा सबसे बड़ा निर्यातक भी है। पर्यटन में भी इस देश का जवाब नहीं, स्थलीय सैरगाहों से समुद्र तटीय सैरगाह तक फ्रांस दुनिया के कुछ सबसे खूबसूरत दृश्य प्रस्तुत करता है। परी-कथा महल, शानदार गिरजाघर और चित्र-परिपूर्ण गाँव सैलानियों को आकर्षित करते हैं। साथ ही देश के समकालीन स्मारक और रैपिड ट्रेन ट्रांजिट आगंतुकों को 21वीं सदी के परिवेश में रोमांचित कर देते हैं। फ्रांस के आधुनिक प्रतीक एफिल टावर यहाँ की उत्कृष्ट कला व तकनीकी का उदाहरण है। पारंपरिक फ्रेंच गैस्ट्रोनॉमी को यूनेस्को की अमूर्त सांस्कृतिक विरासत की सूची में अंकित किया गया है। यहाँ प्रत्येक क्षेत्र का अपना विशिष्ट व्यंजन और संस्कृति है।

ब्रिटनी का तटीय क्षेत्र विचित्र मछली पकड़ने वाले गाँवों और प्राचीन बंदरगाहों के पुराने-विश्व आकर्षण प्रदान करता है, जबकि फ्रेंच आल्प्स में स्की ढलानों के पास आरामदायक शैली में परोसे जानेवाले पनीर फोंडयू और चारक्यूरी के स्वादिष्ट व्यंजन हैं। देश के अनूठे आकर्षण का स्वाद चखकर हम फ्रांस में शीर्ष आकर्षणों का आनंद ले सकते हैं।

पेरिस का प्रतीक है एफिल टावर

पेरिस का प्रतीक एफिल टावर यहाँ की कला-तकनीकी हैरान कर देनेवाली कृति तो है ही, यह पर्यटकों के आकर्षण का केंद्र भी है।

एफिल टावर की भव्यता ने इसे 'आयरन लेडी' का उपनाम दिया है। इसका विशाल आकार और आश्चर्यचकित करता डिजायन दुनिया की उत्कृष्ट मानव कृतियों में एक है।

निर्यात में विश्व का अग्रणी देश फ्रांस

फ्रांस के सबसे बड़े निर्यात कृषि उत्पाद, खाद्य सामग्री, दवा के मिश्रण, अंतरिक्ष यान और टर्बोजेट सहित विमान या कारें या मोटर वाहन के पुर्जे या सहायक उपकरण, शराब आदि हैं। यह फ्रांस के कुल निर्यात का एक–तिहाई है, सामरिक क्षेत्र में फ्रांस विश्व के शीर्षस्थ राष्ट्रों में एक है। उन्नत तकनीकी

एविएशन क्षेत्र का प्रमुख निर्माता देश है फ्रांस

विमान व अन्य हथियार इसकी पहचान हैं। यही नहीं, कृषि व औद्योगिक उत्पादों के साथ फ्रांस शराब के निर्यात के लिए नंबर एक स्थान रखता है। विमान के पुर्जों के लिए भी विश्व के अग्रणी देशों में यह शामिल है। दवाओं और अन्य फार्मास्युटिकल्स, शिपमेंट के लिए तो एक प्रमुख प्रतियोगी है, वहीं इसके प्रमुख आयातक राष्ट्रों में जर्मनी, संयुक्त राज्य अमेरिका, इटली, स्पेन, बेल्जियम, यूनाइटेड किंगडम, चीन, नीदरलैंड, स्विट्जरलैंड, पोलैंड, सिंगापुर और तुर्की सम्मिलित हैं।

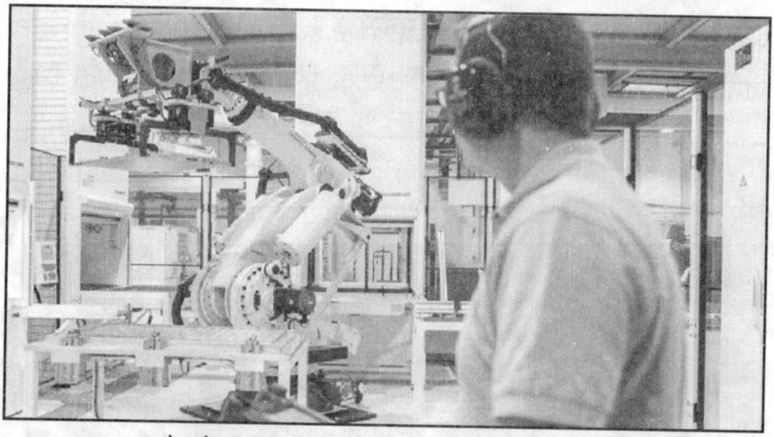

मैन्युफैक्चरिंग क्षेत्र—फ्रांस की अर्थव्यवस्था की रीढ़

बुनियादी ढाँचों व सामाजिक सेवाओं पर जोर

कृषि उत्पाद, फ्रांस का मुख्य निर्यात

हाल के दशकों में फ्रांस ने प्रमुख बुनियादी ढाँचे के कार्यक्रमों और सामाजिक सेवाओं की लागत के साथ-साथ कुछ आर्थिक क्षेत्रों में राज्य के बजट में भारी वृद्धि की है। अपने कार्यक्रमों को वित्तपोषित करने के लिए फ्रांसीसी सरकार को अन्य सभी की तरह बढ़े हुए कराधान का सहारा लेना

पड़ा है। कुछ आलोचक इस बात को मानते हैं कि फ्रांस में इस कराधान का सामान्य से बड़ा अनुपात निजी व्यक्तियों के बजाय व्यवसाय पर पड़ा है।

विविधतापूर्ण फ्रांसीसी उत्पाद प्रौद्योगिकी से दवाई तक दबदबा

राष्ट्रपति मैक्रों ने फ्रांस को फिर से प्रतिस्पर्धी बनाने का संकल्प लिया है। उच्च 'कर' का बोझ विशेष रूप से छोटे व्यवसायों पर जरूर पड़ा है, पर उनके प्रभाव को कम करने के लिए क्रमिक सरकारों द्वारा कई प्रति-उपाय शुरू किए गए हैं। इनमें न्यूनतम वेतन पर भुगतान किए गए श्रमिकों पर पेरोल करके निचले स्तर (और कुछ मामलों में उन्मूलन), युवा कर्मचारियों या प्रशिक्षुओं को काम पर रखने के लिए कर विराम, कुछ उच्च-बेरोजगारी वाले क्षेत्रों में नियोक्ताओं के लिए सहायता और बहुत योजनाएँ शामिल हैं। कुल मिलाकर कंपनियों के लिए सहायता के दर्जनों रूप उपलब्ध कराए गए हैं।

छोटे व्यवसायी दबाव में, पर कर्मचारी खुश

कृषि-फ्रांसीसी अर्थव्यवस्था का महत्त्वपूर्ण स्तंभ

फ्रांस में कॉरपोरेट कराधान का उच्च स्तर तार्किक रूप से वैश्विक बाजार पर फ्रांसीसी उद्योग की गिरती प्रतिस्पर्धात्मकता और इसके बढ़ते व्यापार घाटे के प्रमुख कारणों में से एक है। छोटे व्यावसायी कराधान में सरलीकरण के साथ-साथ उनकी रियायतों की बात करते हैं, पर कर्मचारियों की स्थिति अच्छी है। यहाँ कर्मचारी यूनियनों के पास पार्टनेयर्स सोशियो के रूप में अपनी भूमिका के माध्यम से काफी शक्ति है। इस प्रकार लगातार फ्रांसीसी सरकारों ने पिछले कुछ वर्षों में वामपंथी और दक्षिणपंथी, दोनों की माँगों को पूरा किया है। परिणामस्वरूप फ्रांस में कर्मचारियों को उच्च स्तर की नौकरी की सुरक्षा और गारंटीकृत वेतन का आनंद मिला है। बड़े निगमों में यह बहुत अधिक समस्या नहीं है; लेकिन छोटे व्यवसायों में नियोक्ता अकसर नए कर्मचारियों को बिना पर्याप्त दंड के नौकरी से निकालने में असमर्थ होने के डर से नौकरियाँ पैदा करने से हिचकिचाते हैं। वैकल्पिक रूप से वे स्थानीय स्तर पर कर्मचारियों को नियुक्त करने के बजाय विदेशी आपूर्तिकर्ताओं को काम का आउटसोर्स करते हैं या पूर्णकालिक स्थायी

नौकरियों की पेशकश करने के बजाय अस्थायी अनुबंधों का सहारा लेते हैं। यह स्थिति वेतन को भी प्रभावित करती है। यह सब रोजगार के लिए बुरा है, क्योंकि सभी विकसित अर्थव्यवस्थाओं में यह छोटे व्यवसाय ही हैं, जो अधिकांश नई नौकरियाँ पैदा करते हैं।

पौष्टिक ताजी सब्जियाँ : फ्रांस के भोजन का मुख्य अंग

कई बार चर्चाओं में ऐसा सुनने को मिलता है कि फ्रांसीसी हमेशा हड़ताल पर रहते हैं और दूसरा कि फ्रांसीसी अन्य देशों की तुलना में बहुत कम काम करते हैं। यदि किसी देश के कर्मचारी लगातार हड़ताल पर रहते हैं, तो यह एक गंभीर आर्थिक बाधा होती है। सौभाग्य से फ्रांस में ऐसा नहीं है। 2008 के आई.एम.डी. सर्वेक्षण के अनुसार, ब्रिटेन (10.06) या संयुक्त राज्य अमेरिका (5.67) की तुलना में फ्रांस ने प्रति 1000 निवासियों (3.67 दिन) पर हमलों में कम दिन गँवाए। फ्रांस में समस्या यह है कि हड़तालें अत्यधिक दिखाई देती हैं, क्योंकि वे बड़ी सार्वजनिक सेवाओं में केंद्रित होती हैं और पेरिस में बड़े विरोध तथा प्रदर्शनों को जन्म देती हैं। दुनिया के कई प्रमुख टी.वी. स्टेशनों के ब्यूरो के कुछ सौ गज के भीतर हैं, जो हर छोटी-बड़ी बात को उठा लेते हैं।

प्रेस एजेंसियाँ, समाचार-पत्र संवाददाता और समाचार के अन्य पैरोकार

फ्रांस में अत्यधिक स्वतंत्रता के चलते अपनी मर्जी से सभी मुद्दे उठा लेते हैं। जब फ्रांसीसी लोकसेवक हड़ताल करते हैं, तो दुनिया इसके बारे में सब जानती है। इसके विपरीत फ्रांस में अधिकांश कर्मचारियों के बारे में दुनिया कभी ज्यादा नहीं सुनती है, जो कभी हड़ताल पर नहीं जाते हैं। जहाँ तक इस धारणा का संबंध है कि फ्रांसीसी श्रमिक अन्य देशों में अपने समकक्षों की तुलना में बहुत कम काम करते हैं, हमेशा ऐसा नहीं होता है। यह निश्चित रूप से कुछ क्षेत्रों में, विशेष रूप से सार्वजनिक क्षेत्र और बड़े उद्योगों का सच है; लेकिन यह दूसरी जगहों में बिल्कुल भी सच नहीं है।

फ्रांस के रेस्त्राँ दुनिया भर में सर्वोत्कृष्ट

अंतरराष्ट्रीय श्रम संगठन के अनुसार फ्रांस में प्रबंधन स्तर के कर्मचारी यूरोप में सबसे लंबे घंटों (यूके की तुलना में लगभग 10 प्रतिशत अधिक) के बीच काम करते हैं।

विश्व प्रसिद्ध फ्रांसीसी ब्रांड्स की एक झलक

यूरोपीय औसत से थोड़ा नीचे काम करता है फ्रांसीसी कार्यबल। स्वीडन में श्रमिकों के आसपास काम करता है, लेकिन नीदरलैंड, नॉर्वे या डेनमार्क के श्रमिकों से अधिक करता है। ओ.ई.सी.डी. के आँकड़े (2012) यह भी

दिखाते हैं कि फ्रांस में श्रम उत्पादकता, जी.डी.पी. प्रति घंटे काम करने के मामले में यूरोप में सबसे अधिक है और संयुक्त राज्य अमेरिका की तुलना में केवल आंशिक रूप से कम है। फ्रांस अब तक एक प्रमुख निर्यातक राष्ट्र और दुनिया की शीर्ष छह अर्थव्यवस्थाओं में से एक बना हुआ है, हालाँकि इस स्थिति को बनाए रखना आसान नहीं होगा और फ्रांस के निर्यात में वर्तमान में खतरनाक दर से गिरावट आ रही है। अंत में शायद फ्रांसीसी अर्थव्यवस्था की मुख्य कथित कमजोरी यह है कि यह बिल्कुल उसी मॉडल पर नहीं चलती है, जिसे फ्रांसीसी 'एंग्लो-सैक्सन' अर्थव्यवस्थाओं के रूप में संदर्भित करते हैं। यह इसे आंतरिक रूप से कम सफल नहीं बनाता है, बस अलग है, हालाँकि इतना अलग नहीं है। फ्रांस कई विश्व स्तरीय निगमों का घर है; इसके करोड़पति और इसके उद्यमी, यूरोप के कई बेहतरीन बिजनेस स्कूल, इसकी समृद्धि में योगदान देते हैं। फ्रांस के समाज में अमीर और गरीब के बीच की खाई उतनी बड़ी नहीं है, जितनी कि कई अन्य देशों में है और फ्रांसीसी इसे इस तरह से रखना चाहते हैं।

फ्रांस में पर्यटन : राजस्व का मुख्य आधार

उच्च कराधान के एक राष्ट्र के रूप में

फ्रांसीसी एक राष्ट्र के रूप में मजबूत राज्य और राज्य के हस्तक्षेप में विश्वास करते हैं, हालाँकि वे उच्च कराधान के बारे में शिकायत करते रहते हैं, वे अन्य देशों के लोगों की तुलना में ऐसा कम करते हैं और आमतौर पर स्वीकार करते हैं कि उत्कृष्ट कल्याणकारी राज्य के लिए भुगतान करना आवश्यक है। उदाहरण के लिए, यदि कोई सरकार करों को कम करने के लिए सार्वजनिक स्वास्थ्य देखभाल प्रणाली को कम करने का सुझाव देती है, तो वे विद्रोह (जैसे यूके या वस्तुतः किसी अन्य पश्चिमी राष्ट्र में नागरिक) कर उठेंगे। फ्रांसीसी अर्थव्यवस्था में हाल के घटनाक्रम 2007 के बाद से फ्रांस को अन्य देशों की तरह नई वैश्विक आर्थिक वास्तविकताओं के अनुकूल होना पड़ा है।

वित्तीय सेवाओं में उत्कृष्टता

फ्रांस : उच्च प्रौद्योगिकी युक्त कृषि का जवाब नहीं

वित्तीय सेवाएँ, बैंकिंग और बीमा क्षेत्र फ्रांस की अर्थव्यवस्था में एक अन्य उत्कृष्ट योगदानकर्ता हैं।।X। दुनिया की सबसे बड़ी बीमा कंपनी है, BNP Paribas के प्रमुख फ्रांसीसी बैंक और Crédit Agricole दुनिया

के कुछ सबसे बड़े बैंक हैं और पेरिस स्टॉक एक्सचेंज (La Bourse de Paris) प्रभावशाली बना हुआ है। 1724 में लुई XV द्वारा स्थापित व्यवस्था आज अन्य बाजारों के साथ जुड़ गई है। 2000 में पेरिस, एम्स्टर्डम और ब्रुक्सेल्स के स्टॉक एक्सचेंजों का यूरोनेक्स्ट में विलय हो गया। 2007 में यूरोनेक्स्ट का न्यूयॉर्क स्टॉक एक्सचेंज के साथ विलय हो गया, जिससे दुनिया का सबसे बड़ा स्टॉक एक्सचेंज NYSE यूरोनेक्स्ट बन गया।

फ्रांस-मजबूत आर्थिक आधार से महाशक्ति तक

यूरोनेक्स्ट पेरिस, एन.वाई.एस.ई. यूरोनेक्स्ट समूह की फ्रांसीसी शाखा, लंदन स्टॉक एक्सचेंज के बाद यूरोप का दूसरा सबसे बड़ा स्टॉक एक्सचेंज बाजार है।

वैश्वीकरण पर फ्रांस की दुनिया की सबसे अच्छी नीति है—

क्या आपने हाल ही में जाँच की है कि आपक फ्रांस का क्या महत्त्व है, खासकर अगर आप यूरोप में हैं तो आपकी परिवहन व्यवस्था का मालिक है, आपकी सेना का सामान, आपकी एयरलाइन के जहाज, यहाँ तक कि आपके शहर के सार्वजनिक शौचालयों का निर्माण प्रत्यक्ष या परोक्ष रूप से फ्रांस ने किया है।

विशेष रूप से यदि आप यूरोप में रहते हैं, तो इस बात की प्रबल संभावना है कि आपको हर कदम पर फ्रांसीसी बहुराष्ट्रीय कंपनी मिलेगी।

फ्रांस दुनिया की प्रमुख आर्थिक शक्तियों में से एक

दुनिया की प्रमुख आर्थिक शक्तियों में शामिल फ्रांस

फ्रांस दुनिया की प्रमुख आर्थिक शक्तियों में से एक है, जो संयुक्त राज्य अमेरिका, जापान, जर्मनी, इटली और यूनाइटेड किंगडम जैसे देशों के साथ रैंकिंग में है। इसकी वित्तीय स्थिति अभूतपूर्व विकास की एक विस्तारित अवधि को दरशाती है, जो 1970 के दशक के मध्य तक युद्ध के बाद की अधिकांश अवधि तक चली। अकसर इस अवधि को 'ट्रंट ग्लोरियस' (तीस वर्ष की महिमा) के रूप में संदर्भित किया जाता था।

अकेले 1960 और 1973 के बीच सकल घरेलू उत्पाद (जी.डी.पी.) में हर साल औसतन 6 प्रतिशत की वृद्धि हुई। 1970 के दशक के तेल संकट के बाद, विकास दर में काफी कमी आई और बेरोजगारी में काफी वृद्धि हुई। 1980 के दशक के अंत तक, हालाँकि मजबूत विस्तार में फिर से सुधार देखा गया। यह प्रवृत्ति जारी रही और फ्रांस एक लचीली अर्थव्यवस्था के साथ दुनिया की सबसे बड़ी आर्थिक शक्तियों में से एक बन गया।

फ्रांस में समृद्ध वाइन उद्योग की दुनिया में चर्चा

फ्रांसीसी आर्थिक परिदृश्य के प्रमुख खिलाड़ियों में सेवाएँ एवं कृषि शामिल है (फ्रांस में कृषि एक बड़ी भूमिका निभाती है अन्य यूरोपीय अर्थव्यवस्थाओं की तुलना में), पशुधन, रासायनिक उद्योग और पर्यटन क्षेत्र में ज्यादा प्रभावशाली। वास्तव में फ्रांस का पर्यटन उद्योग इतना बड़ा है, यह देश के सकल घरेलू उत्पाद का लगभग 10 प्रतिशत का प्रतिनिधित्व करता है। फ्रांस दुनिया में सबसे लोकप्रिय पर्यटन-स्थल है, जिसमें दुनिया के सबसे ज्यादा लोग आते हैं। आई.एम.एफ. के मुताबिक फ्रांस की अर्थव्यवस्था इतनी अच्छी है कि 2020 में दुनिगा भर में प्रति व्यक्ति जी.डी.पी. विश्व के शीर्ष देशों में थी।

भले ही वे 2000 के उत्तरार्ध की मंदी से प्रभावित हुए थे, लेकिन इससे प्रभावित अधिकांश देशों की तुलना में वह तेजी से वापस लौटा। फ्रांस ने इसके बाद एक स्थिर विकास किया है। उन वर्षों में, 2013 में केवल 0.8 प्रतिशत, 2014 में 0.2 प्रतिशत के लिए विस्तार, हालाँकि 2015 में 1.2 प्रतिशत की वृद्धि के साथ बढ़ा। फ्रांस है, अभी भी जी.डी.पी. वृद्धि के बारे में जानने के तरीके हैं, लेकिन यह पहले से ही एक बड़ी आर्थिक विश्व

शक्ति है। प्रवासियों के लिए फ्रांस की अर्थव्यवस्था, जो प्रवासी फ्रांस की अर्थव्यवस्था के बारे में अधिक जानना चाहता है, वह खुद को आश्वस्त पाएगा। संगठन के अनुसार आर्थिक सहयोग और विकास (ओ.ई.सी.डी.) के लिए इसमें 'जीवन जीने का एक उल्लेखनीय मानक' है और यह कि 'असमानता अत्यधिक नहीं है, देश वित्तीय संकट को बेहतर तरह से झेल पाया, सबकुछ गुलाब के रंग का नहीं है। फ्रांस इस समय रोजगार की समस्या से जूझ रहा है।

फ्रांस—विदेशी पर्यटकों के लिए पसंदीदा गंतव्यों में

कई अर्थव्यवस्था-विशेषज्ञों के इस मुद्दे की प्रकृति के बारे में अलग-अलग दृष्टिकोण हैं। कुछ लोगों का तर्क है कि काम की कम माँग है, क्योंकि फ्रांस में एक विशाल सार्वजनिक क्षेत्र है।

फ्रांसीसी श्रमिकों के पास बहुत अधिक अधिकार

ऐसा लगता है, फ्रांसीसी श्रमिकों के पास बहुत अधिक अधिकार हैं। फ्रांस ओपन-एंडेड और अस्थायी अनुबंधों के लिए बर्खास्तगी के सख्त कानून वाले देशों में से एक है। नियोक्ताओं के लिए कर्मचारियों को काम

पर रखना बहुत महँगा पड़ता है। फ्रांस में उच्च वेतन, नौकरी की सुरक्षा और पदोन्नति मिलती है। नियोक्ताओं के लिए श्रम की लागत भी अन्य देशों की तुलना में सामाजिक सुरक्षा भुगतान को बहुत अधिक जोड़ती है। कर्मचारियों को विशेष रूप से युवाओं को, अल्पकालिक नौकरी पाने के लिए यहाँ विशेष प्रबंध किए गए हैं।

प्रकाश, उच्च तकनीक, इंजीनियरिंग, सटीक मशीनिंग, बायोटेक जैसे क्षेत्रों में फ्रांस के लोगों को कुशलता हासिल है। आल्प्स, शिक्षा, सेवाओं, पर्यटन से राजस्व कमाते हैं। इस क्षेत्र में प्रति व्यक्ति सकल घरेलू उत्पाद फ्रांसीसी औसत से अधिक है। इसके मुख्य शहरों में ल्यों, वियने और सेंट-एटियेन शामिल हैं। अर्थव्यवस्था के लिए फ्रांस के शीर्ष 3 क्षेत्र सामाजिक-आर्थिक नीतियों ने अन्य क्षेत्रों के बीच कम आर्थिक असमानता को बढ़ावा दिया है और अन्य क्षेत्रों की तुलना में यहाँ समानता है। पेरिस में पर्यटन इस क्षेत्रीय अर्थव्यवस्था में मुख्य योगदानकर्ताओं में से एक है। यहाँ लगभग 60 प्रतिशत कार्यबल वाणिज्य और विपणन सेवाओं पर ध्यान केंद्रित करता है, जबकि 30 प्रतिशत गैर-बाजार सेवाओं पर काम करता है (लोक प्रशासन, शिक्षा, आदि) रोन-आल्प्स (+268 बिलियन जी.डी.पी.) एक अत्यधिक औद्योगिक क्षेत्र रोन-आल्प्स 'यूरोप के चार मोटर्स' का एक हिस्सा है। कुल मिलाकर फ्रांस ने अपनी वैज्ञानिक श्रेष्ठता, औद्योगिक कुशलता, उच्च स्तरीय श्रम शक्ति और मानवीय मूल्यों के प्रति समर्पण के बल पर उत्कृष्टता का बेहतरीन उदाहरण प्रस्तुत किया है।

□

8

भारत-फ्रांस के दोस्ताना संबंध, भारत-फ्रांस संबंधों का इतिहास

भारत-फ्रांस संबंधों की शुरुआत मुख्य रूप से 17वीं शताब्दी में फ्रांसीसी व्यापारियों की भारत यात्रा से मानी जाती है, लेकिन उस समय उनका सारा ध्यान औपनिवेशिक आकांक्षाओं तक सीमित था। इसी सोच का परिणाम था कि पुदुचेरी जैसे कुछ क्षेत्रों पर फ्रांसीसियों आधिपत्य रहा। धीरे-धीरे नई व्यवस्था आई और परिणाम यह हुआ कि उपनिवेशवाद का दौर समाप्त हो गया। आज स्थिति यह है कि पुदुचेरी भारत आनेवाले फ्रांसीसी मेहमानों के लिए एक लोकप्रिय पर्यटन-स्थल बना हुआ है। विशेषकर महर्षि अरविंद की तपस्थली के रूप में पुदुचेरी फ्रांसीसी लोगों के लिए पर्यटन, अध्यात्म और आस्था का केंद्र है। भारत की स्वतंत्रता के बाद दोनों देशों के बीच राजनयिक संबंध स्थापित हुए। तब से दोनों देशों का सभी प्रमुख क्षेत्रों में व्यापक सहयोग विकसित हुआ है। राजनीतिक, वाणिज्यिक और सांस्कृतिक संपर्क आज एक नई ऊँचाई तक पहुँच गया हैं। भारत-फ्रांस की दोस्ती भी मुश्किल समय में एक साथ खड़े होने की है।

राष्ट्रपति मैक्रों और पीएम मोदी ने हमारी रणनीतिक साझेदारी को गहरा और विस्तारित करने का फैसला किया है। हिंद महासागर में दो समुद्री राष्ट्रों और पड़ोसियों के रूप में हम एक ऐसे हिंद-प्रशांत की दिशा में काम करने के लिए प्रतिबद्ध हैं, जो शांतिपूर्ण, समृद्ध वैश्विक व्यवस्था की परिकल्पना

करता हो और जहाँ पर विस्तारवाद से हटकर अंतरराष्ट्रीय कानून का पालन हो। चाहे संयुक्त राष्ट्र में भारत–विरोधी उग्रवादी गुटों को सूचीबद्ध करने का मामला हो या कश्मीर में उग्रवाद को लेकर भारतीय पक्ष हो, हमेशा फ्रांस भारत का समर्थन करता रहा है।

भारतीय प्रधानमंत्री मोदी और फ्रांस के राष्ट्रपति मैक्रों दोनों के बीच आज घनिष्ठ और मधुर संबंध हैं। कोविड संकट सहित कई मुद्दों पर फ्रांस का सदैव सकारात्मक सहयोग रहा है।

फ्रांस-एशिया प्रशांत महासागर में भारत का विश्वसनीय सहयोगी

भारत के दावे के प्रति हमेशा संवेदनशील

दुनिया की पाँच महाशक्तियों में एक फ्रांस अपनी समृद्ध सभ्यता और दुनिया में अपने अद्वितीय कद के बावजूद भारत के प्रति हमेशा संवेदनशील रहा है।

शीतयुद्ध में संबंधों के ठहराव के बाद सामरिक भागीदारी समझौता 1998 और असैन्य परमाणु समझौता 2008 जैसे कई ऐतिहासिक समझौतों के माध्यम से संबंध आगे बढ़े हैं। पूर्व फ्रांसीसी राष्ट्रपति फ्रांस्वा ओलांद 2016

में हमारे गणतंत्र दिवस समारोह में मुख्य अतिथि भी रहे। इस प्रकार फ्रांस एकमात्र ऐसा देश बन गया, जिसे गणतंत्र दिवस समारोह में 5 बार मुख्य अतिथि के लिए आमंत्रित किया गया।

हाल के दशकों में परमाणु, अंतरिक्ष, आतंकवाद विरोधी, रक्षा, शहरीकरण, संस्कृति आदि के क्षेत्र में सहयोग बढ़ा है। 2018 में राष्ट्रपति इमैनुएल मैक्रों की यात्रा ने दोनों देशों के बीच रणनीतिक साझेदारी के क्षेत्रीय आयाम को और मजबूत किया है।

रक्षा सहयोग में भारत-फ्रांस सामरिक सहयोगी

रक्षा व अंतरिक्ष क्षेत्र में बढ़ते सहयोगात्मक कदम

भारत और फ्रांस के बीच रणनीतिक साझेदारी तथा विश्वास का पुराना आधार रहा है। फ्रांस और भारत ने 1998 में एक रणनीतिक साझेदारी का नया कदम उठाने का फैसला किया। हाल के दशकों में परमाणु, अंतरिक्ष, आतंकवाद विरोधी, रक्षा, शहरीकरण, संस्कृति आदि के क्षेत्रों में सहयोग बढ़ा है। 2018 में राष्ट्रपति इमैनुएल मैक्रों की यात्रा ने दोनों देशों के बीच रणनीतिक साझेदारी के क्षेत्रीय आयाम को और मजबूत किया। इस साझेदारी

की स्थापना के साथ द्विपक्षीय सहयोग के सभी क्षेत्रों में महत्त्वपूर्ण प्रगति हुई है—मंत्रालयों के प्रमुख और सरकार के स्तर पर आदान-प्रदान बढ़ता गया। बढ़ते सहयोग और आदान-प्रदान में रक्षा, आतंकवाद का मुकाबला, परमाणु ऊर्जा और अंतरिक्ष जैसे रणनीतिक क्षेत्र शामिल हुए और फ्रांस-भारत एक-दूसरे के करीब आए।

भारत-फ्रांस-मल्टीपोलर विश्व की तरफ

पुरानी पृष्ठभूमि से पृथक् शीतयुद्ध के समय में फ्रांस अपनी विदेश नीति को अमेरिका के प्रभाव से अलग मल्टीपोलर विश्व की तरफ बढ़ा। भारत भी गुटनिरपेक्ष आंदोलन का अनुसरण कर रहा था, इस प्रकार किसी भी महाशक्ति के आगे नहीं झुक रहा था। शीतयुद्ध की समाप्ति के बाद भारत और फ्रांस, दोनों ने बहुध्रुवीय विश्व व्यवस्था का समर्थन किया, क्योंकि वे अमेरिकी आधिपत्य को लेकर संतुष्ट नहीं थे।

फ्रांस संयुक्त राष्ट्र में भारतीय सदस्यता का समर्थन करनेवाला पहला P-5 देश था। 1998 में भारत-फ्रांस ने एक रणनीतिक साझेदारी पर हस्ताक्षर किए। फ्रांस बहुपक्षीय निर्यात नियंत्रण व्यवस्थाओं में भारत की सदस्यता का समर्थक था। एन.एस.जी. और एम.टी.सी.आर. 2016 में भारत के एम.टी.सी.आर. में शामिल होने में फ्रांस का समर्थन महत्त्वपूर्ण था। भारत-फ्रांस : इंडो-पैसिफिक रीजन, यानी भारत-प्रशांत महासागर क्षेत्र में सहयोगी के रूप में उभरे हैं।

एक अच्छी बात यह रही है कि महामारी के सबसे बुरे दौर में इन दोनों राष्ट्रों ने एक-दूसरे की मदद की है। जब हम पर आतंकवादी हमले हुए, तब फ्रांस भारत के साथ खड़ा था। फ्रांस ने महामारी द्वारा व्यवधानों के बावजूद समय पर राफेल लड़ाकू जेट विमान देने की प्रतिबद्धता को पूरा किया है। मानवीय मूल्यों को समर्पित भारत-फ्रांस रणनीतिक साझेदारी महामारी के बाद की दुनिया को आकार देने, हमारे सामान्य मूल्यों की रक्षा करने और एक बहुध्रुवीय दुनिया में शांति-समृद्धि को बढ़ावा देने के लिए विश्व की सबसे अच्छी रणनीतिक साझीदारी है।

'मेक इन इंडिया'–हमारे रिश्तों की आधारशिला

'मेक इन इंडिया' घटक के साथ अपनी सर्वश्रेष्ठ रक्षा प्रौद्योगिकी की पेशकश करने के लिए फ्रांस की प्रतिबद्धता हमारे रिश्तों का प्रमुख आधार बन गई है। उन्होंने 1998 में फ्रांस ने एक रणनीतिक साझेदारी पर भी हस्ताक्षर किए। इसके साथ ही फ्रांस बहुपक्षीय निर्यात नियंत्रण व्यवस्थाओं में भारत की सदस्यता का समर्थन करता है।

उधर हिंद महासागर में चीनी दबदबे के बढ़ने और क्षेत्र में अमेरिकी आधिपत्य को लेकर इस क्षेत्र की सुरक्षा संरचना का संयुक्त रूप से नेतृत्व करने के लिए भारत को समान विचारधारा वाले देशों की तलाश करने के लिए प्रेरित किया है।

तत्कालीन विदेश मंत्री सुषमा स्वराज एवं जीन ड्रिअन

फ्रांस इनमें एक है, उसके पास इस क्षेत्र में कई तटवर्ती द्वीप हैं। साथ ही उसने चीन की बढ़ती विस्तारीकरण नीति का मुकाबला करने के लिए इस क्षेत्र में भागीदारी की पहल की है। मध्य शक्तियाँ होने और इधर चीनी आधिपत्य बढ़ने के कारण भारत और फ्रांस ने हिंद–प्रशांत क्षेत्र, विशेष रूप से पश्चिमी हिंद महासागर में एक–दूसरे को प्राकृतिक सहयोगी के रूप में देखना शुरू कर दिया है।

प्रधानमंत्री मोदी ने भी 2017 में फ्रांस की यात्रा की और राष्ट्रपति इमैनुएल मैक्रों से मुलाकात भारत–फ्रांस रणनीतिक साझेदारी को और मजबूत करने की ही प्रतिबद्धता को दरशाती है। प्रधानमंत्री मोदी ने 'पेरिस समझौते' के लिए भारत की अटल प्रतिबद्धता की घोषणा भी की। सामरिक संबंध के इस क्षेत्रीय आयाम को आई.एस.ए. (इंटरनेशनल सोलर अलायंस) जैसी अन्य संस्थाओं से भी बल मिला है। इस पृष्ठभूमि के बीच, इमैनुएल मैक्रों ने 2018 में भारत का दौरा किया। भारत–फ्रांस रक्षा सहयोग में 1980 के दशक के बाद से वृद्धि हुई, क्योंकि भारत यू.एस.एस.आर. पर अधिक निर्भरता को कम करने के लिए अपनी सैन्य खरीद में विविधता लाने की कोशिश कर रहा था।

प्रमुख रक्षा परियोजनाओं में सहभागिता

भारत–फ्रांस, रणनीतिक साझेदारी के नए आयाम

सरकार से सरकारी सौदे के जरिए 36 राफेल लड़ाकू विमानों के साथ प्रौद्योगिकी हस्तांतरण के तहत छह स्कॉर्पीन पनडुब्बियों का भी अनुबंध किया गया है। पहली दो पनडुब्बी कलवरी और खंडेरी का निर्माण किया जा चुका है। डसॉल्ट व रिलायंस एयरोस्पेस लिमिटेड (DRAL) महाराष्ट्र के मिहान में विनिर्माण में जुटे हैं। यह फ्रांसीसी एयरोस्पेस फर्म डसॉल्ट एविएशन

और भारत के रिलायंस समूह के बीच एक संयुक्त उद्यम है। राफेल लड़ाकू जेट और फाल्कन नागरिक विमानों के उत्पादन की दिशा में पहली निजी सहभागिता है।

भारत-फ्रांस : अंतरिक्ष सहयोग में भी आए आगे

भारतीय अंतरिक्ष अनुसंधान संगठन 'इसरो' और फ्रांसीसी अंतरिक्ष एजेंसी (सी.एन.ई.एस.) कई दशकों से अंतरिक्ष कार्यक्रमों में सहयोग कर रहे हैं। इसरो द्वारा अपने जी.एस.एल.वी. के लिए फ्रेंच लॉन्च पैड का उपयोग किया जाता है; जीसैट -17 को फ्रेंच एरिएन रॉकेट से लॉन्च किया गया था। फ्रांस भारतीय अंतरिक्ष कार्यक्रम के लिए घटकों और उपकरणों का एक प्रमुख आपूर्तिकर्ता है। भारत द्वारा 1998 में किए गए परमाणु परीक्षण के बाद फ्रांस प्रमुख परमाणु देश रहा, जिसने अपने परमाणु परीक्षण के लिए भारत की सुरक्षा मजबूरियों को समझा।

फ्रांस ने एन.एस.जी. में भारत की विशिष्ट छूट के माध्यम से भारत को वैश्विक परमाणु व्यवस्था में शामिल करने के लिए अमेरिका के साथ काम किया। फ्रांस पहला देश था, जिसके साथ भारत ने एन.एस.जी. छूट के बाद असैन्य परमाणु समझौता किया था। जैतापुर परमाणु ऊर्जा परियोजना (जे. एन.पी.पी.) के कार्यान्वयन के लिए एन.पी.सी.आई.एल. और अरेवा के बीच सामान्य रूपरेखा समझौते और प्रारंभिक कार्य समझौते पर 2010 में हस्ताक्षर किए गए थे।

भारत और फ्रांस आतंकवाद विरोध में भी एकजुट

भारत-फ्रांस सहयोग में आतंकवाद के खिलाफ भी मिलकर लड़ने पर जोर दिया गया है। खासतौर से पेरिस बम हमलों के बाद दोनों देशों ने वैश्विक आतंकवाद पर सहयोग और बढ़ाया है। फ्रांस संयुक्त राष्ट्र में अंतरराष्ट्रीय आतंकवाद (सी.सी.आई.टी.) पर व्यापक सम्मेलन के भारत के प्रस्ताव का समर्थन करता है। 2016 में पूर्व राष्ट्रपति ओलांद की यात्रा के दौरान भारत और फ्रांस ने आतंकवाद विरोध पर एक संयुक्त वक्तव्य जारी किया, जिसमें उन्होंने

इस क्षेत्र में द्विपक्षीय सहयोग बढ़ाने का संकल्प लिया। पर्यावरण के पेरिस शिखर सम्मेलन में भारत और फ्रांस ने अंतरराष्ट्रीय सौर गठबंधन का शुभारंभ किया, जो सौर ऊर्जा पर सहयोग के लिए कर्क रेखा और मकर रेखा के बीच के देशों को एक साथ लाता है। मैक्रों की यात्रा के दौरान दोनों देशों ने एक संस्थान स्थापित करने के लिए एक संयुक्त कार्य समूह बनाने का निर्णय लिया।

राफेल फाइटर : भारत-फ्रांस सामरिक रिश्तों की महत्त्वपूर्ण कड़ी

भारत और फ्रांस की अंतरराष्ट्रीय सौर ऊर्जा हेतु प्रतिबद्धता

शीर्ष भारतीय संस्थानों के साथ इनसीड का सहयोग

भारत के प्रधानमंत्री श्री नरेंद्र मोदी पेरिस में 22 और 23 अगस्त, 2019 को एक द्विपक्षीय शिखर सम्मेलन के लिए तथा G7 शिखर सम्मेलन में भाग लेने के लिए फ्रांसीसी गणराज्य के राष्ट्रपति श्री इमैनुएल मैक्रों के निमंत्रण पर आधिकारिक यात्रा के लिए फ्रांस गए थे। अपने प्रस्थान वक्तव्य में प्रधानमंत्री ने कहा कि उनकी फ्रांस यात्रा मजबूत रणनीतिक साझेदारी को दरशाती है। इसे दोनों देश गहराई से महत्त्व देते हैं और साझा करते हैं। भारत और फ्रांस के बीच उत्कृष्ट द्विपक्षीय संबंध हैं, दोनों देशों और बड़े पैमाने पर दुनिया के लिए शांति एवं समृद्धि वैश्विक चिंताओं में प्रमुख है।

फ्रांस में बढ़ते भारतीय प्रवासी

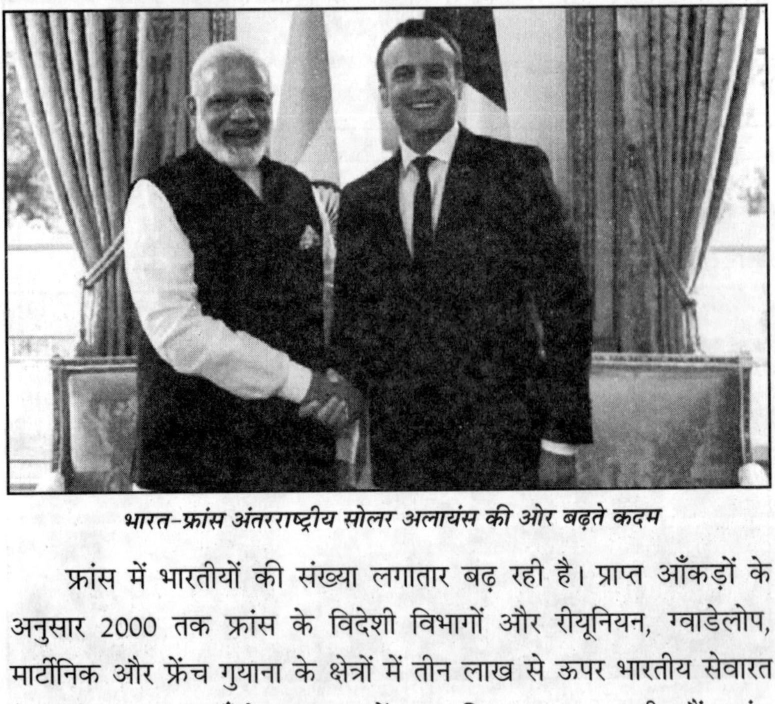

भारत-फ्रांस अंतरराष्ट्रीय सोलर अलायंस की ओर बढ़ते कदम

फ्रांस में भारतीयों की संख्या लगातार बढ़ रही है। प्राप्त आँकड़ों के अनुसार 2000 तक फ्रांस के विदेशी विभागों और रीयूनियन, ग्वाडेलोप, मार्टीनिक और फ्रेंच गुयाना के क्षेत्रों में तीन लाख से ऊपर भारतीय सेवारत हैं। इनके अलावा यहाँ के महानगर में अनुमानित 65,000 भारतीय हैं। फ्रांस में भारतीयों की संख्या और बढ़ सकती है, क्योंकि फ्रांसीसी सरकार ने अपने विश्वविद्यालयों में अधिक-से-अधिक भारतीय छात्रों को आकर्षित करने के

प्रयास किए हैं। आधिकारिक जानकारी के अनुसार औसतन भारत से 10 हजार से अधिक छात्र हर साल फ्रांस जाएँगे।

शीर्ष क्षेत्र आइल-डी-फ्रांस का ग्रेटर पेरिस क्षेत्र है, सिर्फ यहीं पर 14 हजार से अधिक भारतीय हैं। राजधानी के उत्तर-पूर्व में सीन-सेंट-डेनिस है, यहाँ पाँच हजार से अधिक भारतीय नागरिकों के घर हैं, मोटे तौर पर भारतीय नागरिक फ्रांस में हर क्षेत्र में मौजूद हैं। बौर्गोगेन-फ्रांच-कॉम्टे में हाउते-साओन व वोसगेस, मध्य फ्रांस में कोरेज, मध्य औवेर्गने क्षेत्र में कैंटल और उत्तरी कोर्सिका क्षेत्र भी भारतीयों की उपस्थिति है। फ्रांस की बड़ी भारतीय आबादी आइल-डी-फ्रांस के ग्रेटर पेरिस क्षेत्र को अपना घर कहती है। यह भारतीयों के लिए अब तक का सबसे लोकप्रिय क्षेत्र है।

शैक्षिक और तकनीकी सहयोग

पेरिस में गणेश उत्सव, सांस्कृतिक सद्भाव की झलक

पिछले दशक में भारत और फ्रांस के बीच द्विपक्षीय शैक्षिक और विज्ञान एवं प्रौद्योगिकी सहयोग बढ़ा है। प्रधानमंत्री नरेंद्र मोदी की फ्रांस यात्रा के दौरान

अप्रैल 2015 में स्कूल ऑफ प्लानिंग ऐंड आर्किटेक्चर, दिल्ली ऐंड नेशनल आर्किटेक्चर पेरिस में एक समझौते पर हस्ताक्षर किए। आयुष मंत्रालय, भारत सरकार और स्ट्रासबर्ग विश्वविद्यालय ने आयुर्वेद संबंधी एक आशय-पत्र पर हस्ताक्षर किए।

फ्रांस में भारतीय विद्यार्थी, बढ़ती दोस्ती की पहचान

फ्रांस में लगभग 10 हजार भारतीय विद्यार्थी हैं। इनकी लगातार बढ़ती संख्या के दृष्टिगत भारतीय छात्रों और शोधकर्ताओं के लिए छात्रावास का प्रबंध किया गया है। स्कूल आदान-प्रदान कार्यक्रम के तहत फ्रांस और भारत के बच्चों द्वारा यात्राएँ की जाती हैं। एस. ऐंड टी. के क्षेत्र में उन्नत अनुसंधान के संवर्धन के लिए भारत-फ्रांस केंद्र (सी.ई.एफ.आई.पी.आर.ए.) नई दिल्ली स्थित विज्ञान एवं प्रौद्योगिकी के संवर्धन में एक प्रमुख भूमिका निभाता है। अप्रैल 2015 में प्रधानमंत्री की फ्रांस यात्रा के दौरान दोनों देश एक संयुक्त भारत-फ्रांस विज्ञान और प्रौद्योगिकी समिति स्थापित करने पर सहमत हुए। विज्ञान प्रौद्योगिकी विभाग और सी.एन.आर.एस. फ्रांस के बीच सहमति बनी। इसरो की वाणिज्यिक शाखा एंट्रिक्स कॉरपोरेशन लिमिटेड (एंट्रिक्स) और ई.ए.डी.एस. फ्रांस के तहत एक कंपनी एस्ट्रियम एस.ए.एस.

के बीच एक वाणिज्यिक लॉन्च सेवा समझौते के तहत 2013 और 2014 में इसरो के ध्रुवीय उपग्रह लॉन्च पर दो उन्नत रिमोट सेंसिंग स्पॉट उपग्रहों को सफलतापूर्वक लॉन्च किया गया।

फ्रांस स्थित एरियनस्पेस भारतीय भू-स्थिर उपग्रहों के लिए प्रक्षेपण सेवाओं का प्रमुख प्रदाता रहा है। ऐप्पल उपग्रह के प्रक्षेपण के बाद, एरियनस्पेस द्वारा 18 भारतीय उपग्रहों को लॉन्च किया गया है। 7 अक्तूबर, 2016 को, GSAT-18 संचार उपग्रह को कौरो, फ्रेंच गुयाना से एरियन 5 VA-231 लॉन्चर पर सफलतापूर्वक लॉन्च किया गया था।

सामरिक सहयोगी के रूप में भारत और फ्रांस

भारत-फ्रांस एक-दूसरे के सामरिक सहयोगी के रूप में भी आगे आए हैं। फ्रांसीसी रक्षा मंत्री फ्लोरेंस पार्ली ने 17 दिसंबर, 2021 को एक साझा-पत्र हस्ताक्षरित किया कि कैसे 'मेक इन इंडिया' फ्रांसीसी रक्षा प्रणाली में एक महत्त्वपूर्ण भूमिका निभा सकता है। रक्षा मंत्री का कहना था, हम 'मेक इन इंडिया' पहल के लिए पूरी तरह प्रतिबद्ध हैं। 'मेक इन इंडिया' फ्रांसीसी उद्योग के लिए विशेष रूप से पनडुब्बियों जैसे रक्षा उपकरणों के लिए एक वास्तविकता रही है। उन्होंने आगे कहा, "मैं यहाँ आकर खुश हूँ। फ्रांस और भारत की दोस्ती बहुत कीमती है। हाल के वर्षों में हमारा एक-दूसरे पर भरोसा इतना बढ़ गया है कि गंगा और सीन के बीच की दूरी कम होती दिख रही है।"

भारत और फ्रांस 'मेक इन इंडिया' पहल के लिए पूरी तरह प्रतिबद्ध हैं

भारत और फ्रांस सहयोग के नए क्षेत्रों, जैसे हिंद महासागर क्षेत्र में तेजी से शामिल हो रहे हैं। जलवायु परिवर्तन (अंतरराष्ट्रीय सौर गठबंधन सहित) और सतत विकास लक्ष्यों की प्राप्ति शिक्षा एवं अनुसंधान, आर्थिक क्षेत्र में निवेश उद्योग जगत् में सहयोग के अलावा दोनों देश जीवंत द्विपक्षीय सांस्कृतिक क्षेत्रों में कार्य कर रहे हैं। फ्रांस में भारतीय डायस्पोरा

की बड़ी उपस्थिति भी क्षेत्रीय और वैश्विक मुद्दों में मिलकर आगे बढ़ने का प्रमाण है।

मेलजोल बढ़ाता दीपावली एवं अन्नकूट समारोह पेरिस, फ्रांस

फ्रांस ने कोई ऐसा मौका नहीं छोड़ा, जहाँ उसने सुरक्षा परिषद् में स्थायी सदस्यता के लिए भारत के दावे का समर्थन करना जारी नहीं रखा है। इसके अतिरिक्त भारत और फ्रांस जलवायु परिवर्तन के खिलाफ अभियान में भी संयुक्त रूप से भागीदार हैं। भारत और फ्रांस ने लगातार आतंकवाद की भी पुरजोर निंदा की है और पूरी ताकत से इसके समूल उन्मूलन का संकल्प लिया है। अंतरराष्ट्रीय आतंकवाद पर नियंत्रण के लिए दोनों देश समर्पित हैं। पुलवामा हमले के बाद फ्रांस ने भारत का दृढ़ता से समर्थन किया और राष्ट्रीय स्तर पर इसका खंडन किया। साथ ही फ्रांस द्वारा पाकिस्तान स्थित वैश्विक आतंकवादी मसूद अजहर की निंदा हुई, जिसे संयुक्त राष्ट्र में सूचीबद्ध किया गया था।

पारस्परिक हित कई समझौतों पर हस्ताक्षर

हाल के उच्च स्तरीय राजनीतिक सामरिक और आर्थिक आदान-प्रदान के साथ-साथ भारत और फ्रांस के बीच उच्चतम स्तर पर नियमित रूप से

यात्राओं का सिलसिला भी जारी रहा है। प्रधानमंत्री नरेंद्र मोदी और फ्रांस के राष्ट्रपति इमैनुएल मैक्रों, दोनों दिसंबर 2018 में ब्यूनस आयर्स में G-20 2018 से इतर द्विपक्षीय बैठक में शामिल हुए। दोनों नेता जून 2019 में ओसाका में जी-20 2019 के दौरान एक बार फिर से एक अलग बैठक में मिले। यही नहीं, उपराष्ट्रपति वेंकैया नायडू ने प्रथम विश्वयुद्ध शताब्दी समारोह में भारत का प्रतिनिधित्व किया। उन्होंने प्रथम विश्वयुद्ध के युद्ध विराम शताब्दी समारोह और उद्घाटन पेरिस शांति में भी भाग लिया; 11 नवंबर, 2018 को पेरिस स्थित फोरम में भारतीय दल का नेतृत्व किया।

जीवंत रिश्ते, फ्रांसीसी संस्कृति को प्रदर्शित करता पुदुचेरी

उन्होंने भारतीय सैनिकों के जीर्णोद्धार किए गए स्मारक का उद्घाटन किया और यहाँ भारतीय समुदाय को भी संबोधित किया। फ्रांस के राष्ट्रपति इमैनुएल मैक्रों ने सपत्नीक (श्रीमती ब्रिगिट मैक्रों) भारत की राजकीय यात्रा की। इस दौरान उन्होंने आगरा, नई दिल्ली, मिर्जापुर और वाराणसी का दौरा किया। नई दिल्ली में औपचारिक स्वागत के बाद राष्ट्रपति मैक्रों और प्रधानमंत्री नरेंद्र मोदी ने आधिकारिक वार्त्ता की। अंतर-सरकारी बातचीत के बाद पारस्परिक हित के अनेक समझौतों पर हस्ताक्षर किए गए।

अंतरराष्ट्रीय सौर गठबंधन एक बड़ी उपलब्धि

इस महत्त्वपूर्ण यात्रा के बाद संयुक्त वक्तव्य के अलावा एक 'संयुक्त' हिंद महासागर क्षेत्र में भारत-फ्रांस सहयोग की रणनीतिक दृष्टि' और 'भारत-फ्रांस अंतरिक्ष सहयोग के लिए संयुक्त विजन' भी जारी किए गए। दोनों देशों के बीच मित्रता में अंतरराष्ट्रीय सौर-गठबंधन (आई.एस.ए.) एक देदीप्यमान नक्षत्र की भाँति है। स्थापना सम्मेलन में भारत के राष्ट्रपति ने राष्ट्रपति मैक्रों और अन्य देशों के प्रतिनिधिमंडलों के सम्मान में भोज दिया। अपनी तीन दिवसीय यात्रा के आखिरी दिन 12 मार्च, 2018 को राष्ट्रपति मैक्रों ने फ्रांसीसी फर्म द्वारा निर्मित 100 मेगावाट के सौर ऊर्जा पार्क का उद्घाटन भी किया।

उच्च शिक्षा व शोध में सहयोग पर भी सहमति

यात्रा के दौरान भारत-फ्रांस के सी.ई.ओ. फोरम की भी बैठक हुई, जिसने अपनी रिपोर्ट प्रस्तुत की। एक ज्ञान शिखर सम्मेलन भी आयोजित किया गया। क्षेत्र में सहयोग बढ़ाने के लिए दोनों पक्षों के उच्च शिक्षण संस्थानों को एक साथ शिक्षा, अनुसंधान और छात्र गतिशीलता पर चर्चा हुई। इससे पूर्व फरवरी 2018 में उच्च स्तरीय बातचीत में प्रधानमंत्री नरेंद्र मोदी व फ्रांस के प्रधानमंत्री एडोअर्ड फिलिप की दुबई में आपसी हित के मुद्दों पर चर्चा हुई।

भारत-फ्रांस संबंधों में निर्णायक मोड़ तब आया, जब भारत और फ्रांस ने 1998 में अपनी 'रणनीतिक साझेदारी' को आगे बढ़ाने का फैसला किया। भारतीय प्रधानमंत्री नरेंद्र मोदी ने फ्रांस की अपनी द्विपक्षीय यात्रा समाप्त की तो वह और उनके मेजबान राष्ट्रपति इमैनुएल मैक्रों, दोनों पिछले 21 वर्षों की उपलब्धियों को लेकर न सिर्फ आश्वस्त हुए, बल्कि भविष्य की अपार संभावनाओं के लिए नई कार्ययोजनाओं का मार्ग भी प्रशस्त किया।

फ्रांस भारत का सबसे अच्छा नया वैश्विक मित्र

भारत एवं फ्रांस के शीर्ष नेतृत्व ने चेटो डी चांतिली में अपनी चर्चा के दौरान आपसी रिश्तों को और गंभीरता से समझा तथा महसूस किया। खासकर आज के इस चुनौतीपूर्ण समय में, जब तेजी से बदलते वैश्विक परिवेश में सब अनिश्चित सा होता जा रहा है। दोनों देशों का एक-दूसरे के साथ 'विशेष संबंध' इस बीच इतने प्रगाढ़ हुए हैं कि हडसन इंस्टीट्यूट के एक शोधकर्ता ने 'फ्रांस को भारत का नया सबसे अच्छा दोस्त' कहा है। दोनों देशों का व्यापारिक ही नहीं सांस्कृतिक संबंधों का भी सदियों पुराना इतिहास रहा है।

मित्रता विश्व शांति की पहल में मील का पत्थर

विश्व शांति, स्थायित्व व समृद्धि का एकजुट संकल्प

भारत का हर नागरिक इस बात को समझता होगा कि भारत के कठिन समय में फ्रांस ने साथ दिया। 1998 में परमाणु परीक्षणों के बाद, जब भारत ने खुद को परमाणु हथियार संपन्न राष्ट्र घोषित किया, फ्रांस भारत के साथ खुली बातचीत करनेवाला पहला बड़ा देश था। हफ्तों के भीतर, ब्रजेश मिश्रा प्रधानमंत्री अटल बिहारी वाजपेयी के विशेष दूत के रूप में पेरिस गए, जहाँ

राष्ट्रपति शिराक ने उनका स्वागत किया और उन्हें धैर्यपूर्वक सुना। कुल मिलाकर भारत एवं फ्रांस नए मल्टीपोलर दुनिया में सशक्त सहयोगी के रूप में उभरे हैं। दोनों राष्ट्रों की यह मित्रता भारत एवं फ्रांस के लोगों के लिए तो महत्त्वपूर्ण होगी ही, बल्कि विश्व शांति, स्थायित्व और समृद्धि में मील का पत्थर साबित होगी। अच्छी बात यह है कि दोनों देशों के शीर्ष नेता इस बात को बखूबी समझते हैं।

□□□